Renzo Mora

Cinema falado
as melhores (e as piores) frases do cinema de todos os tempos

4ª edição
atualizada e ampliada

CASA
& PALAVRAS

Cinema Falado
as melhores (e as piores) frases
do cinema de todos os tempos

Copyright© 2009 – Renzo Mora

Proibida a reprodução total ou parcial deste livro, por qualquer meio ou sistema, sem prévio consentimento da editora.

Casa & Palavras
(Leitura Médica Ltda)
Rua Bela Cintra, 237 – Consolação
CEP 01415-000 – São Paulo, SP, Telefax: (11) 3151-2144
E-mail: casalm@casalm.com.br

Projeto Gráfico: Almir Roberto
Fotos: Agência Estado
Revisão do autor

Dados Internacionais de Catalogação na Publicação

Mora, Renzo
　　Cinema Falado: as melhores (e as piores)
frases do cinema de todos os tempos / Renzo Mora,
4ª ed. – São Paulo: Casa & Palavras, 2009.

ISBN 978.85.61125.27.1

　　1. Cinema – Apreciação I. Título.

99-5139　　　　　　　　　　　　　　　　　　CDD-791.43015

Índices para catálogo sistemático:

1. Cinema: Frases: Apreciação　　791.43015
2. Frases: Cinema: Apreciação　　791.43015

Impresso no Brasil
2009

CASA
& PALAVRAS

SOBRE O AUTOR

Renzo Mora, paulistano, é colaborador de veículos como Playboy, Cult, VIP e Sexy. Foi professor de Comunicação da FAAP (Fundação Armando Álvares Penteado).
Publicou a biografia de Frank Sinatra – "Sinatra – o Homem e a Música" e ""Fica Frio! – Uma Breve História do Cool", livro que conta a trajetória do cool desde os escravos africanos até suas influências na música, no cinema, na política e no comportamento.
Escreve também no blog http://renzomora.wordpress.com/.

P R E F Á C I O

Quantas vezes você não teve vontade de ter um pedaço de papel e uma caneta bem ao alcance de suas mãos, durante uma sessão de cinema, apenas para anotar uma frase dita no filme? Quantas vezes você não se deliciou com um diálogo inteligente, durante uma projeção, e depois acabou esquecendo as palavras exatas para poder contar para os amigos? Quantas vezes as palavras de um roteiro foram muito mais ferinas, sarcásticas e divertidas que uma imensa parafernália de efeitos especiais? Pois foi para todas estas "vezes" que Renzo Mora escreveu Cinema Falado, uma compilação de centenas de frases, diálogos e citações que fizeram nossas cabeças (e nossos ouvidos) no escurinho das salas de projeção. O livro cobre mais de 70 anos de Cinema, iniciando-se logo no primeiro filme falado da história e chegando até os dias de hoje. Dias de hoje, sim senhor. Pois quem pensa que frases significativas, empolgantes e criativas são exclusividade do cinema antigo está muito enganado. Basta lembrar de Woody Allen, de Tarantino e das gostosas comédias românticas que fazem tanto sucesso. Basta lembrar que "Houston, we have a problem," virou gíria americana para designar que alguém

estava encrencado. Mesmo soltas e isoladas, as grandes citações do cinema sempre fazem história. O premiado filme The Usual Suspects, por exemplo, (no Brasil, Os Suspeitos) teve seu título retirado de uma frase de Casablanca. E nos Estados Unidos existem até canecas, camisetas e adesivos com o clássico desabafo de Rhett Butler em ... E o Vento Levou: "Frankly, my dear, I don't give a Damn" (o jornalista Paulo Francis chegou a sugerir que – em bom português – esta frase deveria ser traduzida como "francamente querida, estou cagando e andando", mas isso já é outra história). Cinema Falado mostra também que a famosa citação "Toque outra vez, Sam", de Casablanca, na realidade nunca foi dita durante o filme (o correto é "Toque, Sam, toque..."), além de eternizar no papel momentos maravilhosamente fugazes de Mae West, Gary Cooper, Kevin Kline e tantos outros. Através de uma intensa pesquisa, Renzo Mora fez aquilo que todo fã de cinema um dia já pensou em fazer: assisitir aos filmes com uma caneta e um bloquinho de anotações. E o resultado é um verdadeiro presente para todos aqueles que curtem bons filmes com os olhos bem abertos... e ouvidos bem afiados.

Celso Sabadin
Crítico de cinema e jornalista

INTRODUÇÃO

Há séculos atrás, nas décadas de 1950 e 60, os homens costumavam dividir as mulheres em dois grupos : As que serviam para casar e as que só serviam para comer. Claro que este critério costumava ser muito pessoal, muitas vezes a moça que o João escolhia para casar era, por coincidência, a mesma que o Pedro estava comendo secretamente.

De alguma forma, mesmo sendo um humanista e um liberal convicto, eu penso ter incorporado este traço da década em que nasci.

Tenho duas paixões que administro da mesma forma retrógrada e machista : A música e o cinema. Na música, tornei-me um fascista absoluto, rejeitando qualquer coisa que fuja dos rigorosíssimos padrões que centenas de horas de Jobim, João Gilberto, Sinatra e Cole Porter me impuseram. As moças que eu escolho para casar no terreno da música tem que ser lindas, bem educadas, cheirosas, cultas, etc...

Já o cinema é o meu puteiro, no qual me torno um completo democrata : No cinema, para eu levar a moça para a cama basta ela ser divertida. Consigo gostar ao mesmo tempo dos filmes de Woody Allen e Scorcese e das brutalidades boçais de Stallone e Schwarzenegger. Os filmes classe B são uma paixão tão condenável quanto intensa. Assisto aos filmes dramaticamente ruins com a mesma ternura que me derperta a moça feia que se esforça ao máximo para ir bonita no baile, apenas para ser ridicularizada pelos cafajestes.

Neste livro, divido com o leitor as moças que eu metaforicamente comi nas salas escuras. Como o mais empedernido machista, me gabo delas para os amigos no bar, as exponho, compartilho minhas melhores e piores lembranças. Algumas foram lindas, outras mais parecidas com a moça feia do baile. Mas todas elas, durante cerca de duas horas, me encheram de prazer.

Renzo Mora

Cinema Falado

Se você quiser me chamar disso, sorria
Gary Cooper para Walter Huston,
ao ser chamado de pernudo filho da puta
Os Virginianos, 1929

Você ficaria chocado se eu vestisse algo mais confortável ?
Jean Harlow para Bem Lyon
Anjos do Inferno, 1930

Eu, Tarzan...Você, Jane
Johnny Weissmuller para Maureen O`Sulivan
Tarzan, o Homem Macaco, 1932

Eu quero ficar sozinha
Greta Garbo para John Barrymore
Grande Hotel, 1932

Foi preciso mais de um homem para mudar meu nome para Shangai Lily
Marlene Dietrich para Colin Clive Brook, explicando que seu novo nome não se deve a um casamento
O Expresso de Shangai, 1932

Cinema Falado

– Meu Deus, que diamantes !
– Deus não teve nada a ver com isso, querida.
Mae West para a garota da chapelaria
Noite após Noite, 1932

Ela saiu para dar uma voltinha
Bramwell Flecher, falando sobre a ausência da personagem título
A Múmia, 1932

– Eu estava lendo um livro outro dia...O cara dizia que as máquinas vão substituir as pessoas em todas as profissões
– Querida, taí uma coisa que não deve te preocupar
Jean Harlow e Marie Dressler
Jantar às Oito, 1933

Não são os homens na minha vida, mas a vida em meus homens
Mae West
Santa Não Sou, 1933

Cinema Falado ———————

Isto é um revólver no seu bolso ou você está contente de me ver ?
Mae West para Charles Osgood
Uma Loira Para Três, 1933

Não, não foi o avião. A bela matou a fera.
Robert Armstrong, na última frase do filme
King Kong, 1933

Enquanto existirem calçadas, você vai ter um trabalho
Joan Blondell para Claire Dodd
Belezas em Revista, 1933

Nós temos meios de fazer homens falarem
Douglas Dumbrille
Os Lanceiros de Bengala, 1935

A única diversão que eu tenho é dar comida para os peixes, e eles só comem uma vez por dia
Bette Davis
Perigosa, 1935

– E por que vocês casaram ?
– Eu não sei...Estava chovendo
e nós estávamos em Pitesburgo
Barbara Stanwyck e Helen Broderick
Casar é Melhor, 1936

Nunca acredite ou ame tanto alguém
a ponto de não poder traí-lo
Montagu Love
O Princípe e o Mendigo, 1937

Socorro ! Eu não quero morrer !
James Cagney, a caminho da cadeira elétrica, fingindo
medo para decepcionar os meninos que o idolatravam
Anjos de Cara Suja, 1938

Eu gosto de manter minhas convicções sem
diluição, assim como meu bourbon
George Brent
Jezebel, 1938

Totó, eu tenho a impressão que nós não estamos
mais no Kansas
Judy Garland, para seu cachorro
O Mágico de Oz, 1939

Cinema Falado

Com Deus por testemunha, juro que eles não vão me derrotar. Eu vou sobreviver a tudo isso e, quando acabar, eu nunca mais vou passar fome – nem nenhum dos meus. Nem que eu tenha que mentir, roubar, trapacear ou matar... Com Deus por testemunha, eu nunca mais vou passar fome
Vivien Leigh
...E o Vento Levou, 1939

Francamente, querida, eu quero que se dane.
Clark Gable sai da vida de Vivien Leigh
...E o Vento Levou, 1939

Tara...Casa... Eu vou para casa e vou pensar em algum modo de conseguir ele de volta. Afinal, amanhã é outro dia,
Vivien Leigh
...E o Vento Levou, 1939

Cinema Falado

Rosebud
Orson Welles morre
Cidadão Kane, 1941

As pessoas vão pensar o que eu disser para elas pensarem
Orson Welles
Cidadão Kane, 1941

Velhice, Sr. Thompson...A única doença da qual você não quer ficar curado.
Everett Sloane para William Alland
Cidadão Kane, 1941

Um cara vai lembrar de coisas que você não imagina. Veja o meu caso. Um dia, em 1896, eu estava atravessando de balsa para Jersey e quando partimos havia outra balsa chegando e nela, uma garota esperando para sair. Ela estava usando um vestido branco e carregando uma sombrinha branca, e eu só a vi por um segundo e ela nem me viu. Mas eu garanto que, desde aquele dia, não passou um mês em que eu não tenha pensado nela.
Everett Sloane para William Alland, em uma frase que seria imitada em Proposta Indecente
Cidadão Kane, 1941

O Sr. Kane era um homem que teve tudo o que quis e perdeu. Talvez Rosebud fosse algo que ele não conseguiu ou que perdeu. De qualquer forma, não teria explicado nada. Eu não acredito que qualquer palavra explique a vida de um homem.
Não...Eu acho que Rosebud é só uma peça em um quebra cabeça. Uma peça perdida.
Bem...Vamos todos...Nós vamos perder o trem.

Palavras finais de William Alland. No filme, a câmera focaliza o trenó de Kane, com a inscrição Rosebud, sendo incinerado. Na vida real, comenta-se que Rosebud era como o magnata William R. Hearst – a inspiração para a personagem central do filme – chamava o clitóris de sua amante.

É curioso que dois dos filmes mais importantes da história do cinema – Cidadão Kane e Casablanca – partam de premissas tão frágeis. Kane está sozinho quando pronuncia suas palavras finais (como alguém ouviu ?) e Casablanca tem toda sua ação centrada em dois vistos que não podem ser revogados nem questionados. Qual a utilidade de tais vistos, que poderiam ser roubados e usados por inimigos ? Por que alguém emitiria tais documentos ? Estes elementos arbitrários usados para motivar a ação são chamados no meio cinematográfico de "MacGuffins"

Em 1966, em uma entrevista para o diretor François Truffaut, Alfred Hitchcock (que sempre usava "MacGuffins") explicou a origem do termo :

"Deve ser um nome escocês, tirado de uma estória sobre dois homens em um trem. Um deles diz "O que é aquilo naquele pacote no compartimento de bagagem ?". O outro responde "

Ah, é um MacGuffin"
"E o que é um MacGuffin ?"
"É um aparato para capturar leões nas highlands escocesas"
"Mas não existem leões por lá"
"Bom, então não é um MacGuffin"
Ou seja, um MacGuffin não é porra nenhuma.
Cidadão Kane, 1941

Não foi na sua estória que nós acreditamos , Srta. O´Shaughnessy. Foi nos seus duzentos dólares.
Humphrey Bogart para Mary Astor
Relíquia Macabra, 1941

Quando o parceiro de um cara é assassinado, ele tem a obrigação de fazer alguma coisa. Não faz diferença o que se pensava dele. Ele era o seu parceiro e você tem que fazer alguma coisa.
Bogart, explicando o código de honra que o obrigou a investigar a morte de seu sócio, mesmo tendo comido a mulher dele.
Relíquia Macabra, 1941

Sim, anjo, eu vou te entregar. As chances são de você escapar com vida. Isto quer dizer que, se você for boazinha, vai sair em vinte anos. Eu vou te esperar. E se eles te enforcarem, eu sempre vou lembrar de você.
Bogart, bogartianamente, consola Mary Astor antes de entregá-la para a cana dura.
Relíquia Macabra, 1941

Cinema Falado

– O que é isso ?
– A matéria de que os sonhos são feitos
Ward Bond e Bogart, sobre o falso falcão maltês
Relíquia Macabra, 1941

Onde está o resto de mim ?
Ronald Reagan para Ann Sheridan, depois de ter as pernas
amputadas, em seu momento menos ruim no cinema
Em Cada Coração um Pecado, 1941

– Qual a sua nacionalidade ?
– Eu sou um bêbado.
Conrad Veidt descobre que Humphrey Bogart
é um cidadão do mundo
Casablanca, 1942

Eu sou apenas um pobre oficial corrupto
Claude Rains tenta baixar o valor
de uma aposta com Bogart
Casablanca, 1942

– Onde você estava ontem à noite ?
– Faz tanto tempo que eu não lembro
– Eu vou te ver hoje à noite ?
– Eu nunca faço planos com tanta antecedência
Madeleine LeBeau descobre as idiossincrasias
da noção bogartiana de tempo
Casablanca, 1942

Eu não arrisco o pescoço por ninguém
Máxima bogartiana
Casablanca, 1942

– O quê, em nome de Deus, te trouxe
para Casablanca ?
– Minha saúde. Eu vim para Casablanca
por causa das águas.
– Águas ? Que águas ? Nós estamos na deserto !
– Eu estava mal informado.
Bogart/Rains
Casablanca, 1942

– Você me despreza, não é ?
– Se eu pensasse em você, provavelmente
desprezaria
Peter Lorre e Bogart
Casablanca, 1942

De todos os bares do mundo,
ela tinha que entrar no meu ?!
Bogart, sobre a chegada de Ingrid Bergman.
A palavra bar (ou boteco) – gin joint, no original – foi sugerida pelo
próprio Bogart. O script original de 21/05/42 falava em café.
Casablanca, 1942

Toque, Sam. Toque "As Time Goes By"
Ingrid Bergman pede a música proibida para
Dooley Wilson.
Casablanca, 1942

Você tocou para ela, agora toque para mim. Se ela pode aguentar, eu posso. Toque.
A verdadeira frase de Bogart. Agora esqueça
aquela bobagem de "Play it again, Sam"
Casablanca, 1942

Here´s looking at you, kid.
Esta vai no original porque é praticamente intraduzível.
E também porque é obrigatória.
É o brinde de Bogart para Bergman. Seria algo como "Saúde, olhando para você, garota". A frase também foi sugerida por Bogart. O script divulgado quatro dias antes da filmagem trazia a frase "Here´s – Good luck to you", que é menos charmosa, mas pelo menos bem mais fácil de traduzir.
Casablanca, 1942

Vá em frente e atire. Você vai estar me fazendo um favor.
Bogart para Bergman, que lhe aponta uma arma
Casablanca, 1942

– Esta arma está apontada diretamente para o seu coração.
– É o meu ponto menos vulnerável
Bogart, desta vez com o revolver, apontando para Claude Rains
Casablanca, 1942

– Foi o dia em que os alemães marcharam sobre Paris
– Não é um dia fácil de esquecer. Eu lembro de cada detalhe. Os alemães vestiam cinza. Você vestia azul.
Bergman e Bogart trocam reminiscências
Casablanca, 1942

Era um tiro de canhão ou meu coração batendo ?
Ingrid Bergman, no dia difícil de esquecer
Casablanca, 1942

– Mas, e nós ?
– Nós sempre teremos Paris. Nós tinhamos perdido até que você veio para Casablanca. Nós ganhamos outra vez ontem à noite.
Bergman/Bogart no aeroporto
Casablanca, 1942

Reúna os suspeitos habituais
Claude Rains livra a cara de Bogart
Casablanca, 1942

Louie, acho que este é o começo de uma bela amizade
Bogart para Rains, enquanto ambos desaparecem na neblina, no final do filme
Casablanca, 1942

Sim, eu o matei. Matei por dinheiro e por uma mulher. Eu não consegui o dinheiro e não consegui a mulher. Bonito, não é ?
Fred MacMurray, confessando
Dupla Indenização, 1944

Pessoalmente, Veda me convenceu de que os crocodilos estão certos. Eles comem os mais jovens.
Eve Arden para Joan Crawford
Almas em Suplício, 1945

Beijar é bom, mas seu pai não me contratou para dormir com você.
Humphrey Bogart pratica sua especialidade:
Esnobar as mulheres (no caso, Lauren Bacall)
À Beira do Abismo, 1946

Cinema Falado

Sua mãe não pode mais estar com você
O Grande Príncipe dá a má notícia
para o veadinho edipiano
Bambi, 1942

Ela tentou sentar no meu colo enquanto eu estava em pé.
Bogart, à respeito de Martha Vickers
À Beira do Abismo, 1946

Tantas armas na cidade e tão poucos cérebros
Bogart
À Beira do Abismo, 1946

– O que há de errado com você?
– Nada que você não possa consertar.
Bogart/Bacall
À Beira do Abismo, 1946

– Falando de cavalos...você tem um toque de classe, mas eu não sei até onde você vai.
– Depende muito de quem está na sela
Bogart/Bacall
À Beira do Abismo, 1946

Cinema Falado

Às vezes eu não gosto muito da minha aparência, mas desde os meus quatorze anos os homens tentam me convencer de que eu estou errada.
Lana Turner, em um quase exercício de modéstia
O Destino Bate à Sua Porta, 1946

Eu te odeio tanto que seria capaz de me destruir só para te levar para o fundo comigo.
Rita Hayworth para Glenn Ford
Gilda, 1946

Eu a odeio tanto. Não consiga parar de pensar nela nem por um minuto.
Glenn Ford, sobre Rita Hayworth
Gilda, 1946

As estatísticas mostram que existem mais mulheres no mundo que qualquer outra coisa – exceto insetos
Glenn Ford
Gilda, 1946

Você deveria ter deixado eles me matarem porque eu vou te matar. Eu vou te pegar. Eu não sei quando, mas eu vou te pegar. E cada vez que você se virar, espere me ver , porque um dia eu vou estar lá. Eu vou te matar, Matt.
John Wayne para Montgomery Clift
Rio Vermelho, 1948

– Você não entende... Toda noite
de lua cheia eu viro lobo
– Você e mais cinquenta milhões de caras
O lobisomem Lon Chaney e Lou Costello
Abott e Costello encontram Frankenstein, 1948

Na Itália, por trinta anos sob os Bórgias, eles tiveram guerra, terror, assassinatos e massacres. Eles produziram Michelangelo, Leonardo da Vinci e a Renascença. Na Suíça eles tiveram amor fraternal, quinhentos anos de democracia e paz e o que eles produziram ? O relógio-cuco.
Orson Welles para Joseph Cotten
(Conta a lenda que em caco de sua autoria). Vale lembrar que a origem do relógio-cuco é a Floresta Negra, na Alemanha
O Terceiro Homem, 1949

Consegui, mãe... Topo do mundo !
James Cagney, ao morrer queimado no topo de um
reservatório de combustível em formato de globo
Fúria Sanguinária, 1949

Apertem os cintos, vai ser uma noite turbulenta.
Bette Davis
A Malvada, 1950

Eu admito que já tive dias melhores, mas eu ainda não estou disponível pelo preço de um coquetel – como um amendoim.
Bette Davis para Gary Merrill
A Malvada, 1950

A Srta. Caswell é uma atriz, graduada da escola Copacabana de artes dramáticas.
George Sanders apresenta Marilyn Monroe
para Bette Davis
A Malvada, 1950

Eu não vou precisar disso. É um leão jovem.
Victor Mature recusa uma lança
Sansão e Dalila, 1950

– Você é Norma Desmond. Você trabalhava em filmes mudos. Você era grande.
– Eu sou grande. Os filmes é que ficaram menores.
Wiliam Holden e Gloria Swanson
Crepúsculo dos Deuses, 1950

Você vê, esta é minha vida. Sempre será. Não há mais nada. Só nós, as câmeras e estas pessoas maravilhosas na escuridão. Está certo, Sr. De Mille, estou pronta para o meu close-up
Gloria Swanson é levada pela polícia e
pensa estar em um set de filmagem
Crepúsculo dos Deuses, 1950

É um belo vestido este que você está quase usando
Gene Kelly para Nina Foch
Um Americano em Paris, 1951

Algumas pessoas são melhores mortas. Como sua mulher ou meu pai, por exemplo
Robert Walker para Farley Granger
Pacto Sinistro, 1951

Cinema Falado

Ei, Stella...Ei, Stella
Marlon Brando chama Kim Hunter.
A chave da cena está na reação quase orgásmica de Hunter quando ouve a voz dele. É uma das frases mais usadas pelos imitadores amadores do ator.
Uma Rua Chamada Pecado, 1951

Eu sempre dependi da bondade de estranhos
Vivien Leigh aceita o braço de Richard Garrick,
que a conduz para o hospício
Uma Rua Chamada Pecado, 1951

Existe alguma coisa sobre trabalhar nas ruas que me agrada. Deve ser o vagabundo em mim
Charlie Chaplin para Claire Bloom
Luzes da Ribalta, 1952

Eu cheguei a uma idade em que posso sustentar uma amizade platônica no mais alto plano moral
Charlie Chaplin para Claire Bloom
Luzes da Ribalta, 1952

Eu tenho que voltar. Eles estão me fazendo correr. Eu nunca corri de ninguém antes.
Gary Cooper para Grace Kelly
Matar ou Morrer, 1952

Cinema Falado

Se nós trouxermos um pouco de alegria
para suas vidinhas chatas, sentimos que
nosso trabalho não foi em vão
Jean Hagen dá uma entrevista
Cantando na Chuva, 1952

Eu não vou muito ao cinema. Se você
viu um filme, viu todos
Debbie Reynolds sacaneia o astro Gene Kelly
Cantando na Chuva, 1952

Deus, me dê serenidade para aceitar as coisas que
eu não posso mudar, coragem para mudar as que
eu posso e sabedoria para poder distinguí-las
Burt Lancaster repete a oração dos alcoólatras
anônimos para sua esposa, Shirley Booth
A Cruz da Minha Vida, 1952

Prove...
O refrão sinistro de Jack Palance
Os Brutos Também Amam, 1953

Shane, volte...Volte, Shane
Brandon de Wilde grita para Allan Ladd, enquanto
ele cavalga rumo à escuridão, na cena final
Os Brutos Também Amam, 1953

Este barco vai para a Europa, França ?
Marilyn Monroe
Os Homens Preferem as Loiras, 1953

Um beijo na mão pode ser muito bom, mas uma tiara de diamantes é para sempre
Marilyn Monroe
Os Homens Preferem as Loiras, 1953

Eu podia ser um competidor. Eu podia ter classe e ser alguém. Classe de verdade, ao invés de ser um vagabundo, vamos encarar, que é o que eu sou. Foi você, Charlie.
Marlon Brando acusa seu irmão, Rod Steiger.
A cena teve de ser gravada diversas vezes,
já que Steiger não conseguia conter as lágrimas
Sindicato de Ladrões, 1954

Todas elas começam como Julietas e terminam como Lady Macbeths
William Holden opina sobre as mulheres
Amar é Sofrer, 1954

Cinema Falado

Coxa ou Peito ?
Grace Kelly para Cary Grant, fazendo pic-nic em Monte Carlo
***Ladrão de Casaca*, 1955**

Então a primeira coisa que acontece é ver você, e aí eu penso – Este vai ser um dia ótimo e é melhor você curtir, garoto, porque amanhã você não vai ser nada.
James Dean, premonitório, para Natalie Wood
***Juventude Transviada*, 1955**

Eu estou tão cansada de me dizerem que eu sou bonita
Kim Novak para William Holden
***Férias de Amor*, 1955**

Eu não quero ser idolatrada. Eu quero ser amada
Grace Kelly para John Lund
***Alta Sociedade*, 1956**

Cinema Falado

In the heavens / stars are dancing / and the mounting moon is new/ What a rare night for romancing/ Mind if I make love to you ?
Since the dear day / of our meeting / I've wanted to tell you / all I long to do Dawn is nearing / time is fleeting / Mind if I make love to you ?
If you let me / I'll endeavor / to persuade you /
I'm your party for two
And from then on/ you will never /
Mind if I make love to you
(No céu / estrelas estão dançando / e a lua lá no alto é nova / Que rara noite para romance / Se incomoda se eu te amar ? / Desde o querido dia / de nosso encontro / venho querendo te contar / tudo que eu anseio fazer / O amanhecer se aproxima / o tempo é fugaz / Se incomoda se eu te amar ? / Se você me permitir / eu vou me empenhar / em te persuadir / de que eu sou o seu par / e daí por diante / você nunca / vai se incomodar se eu te amar)

Frank Sinatra, com Grace Kelly bebada em seus braços, canta o beguine de Cole Porter
Alta Sociedade, 1956

Cinema Falado

Você me dá pós, pílulas, injeções, enemas – quando tudo que eu preciso é amor
William Holden para Ann Sears
A Ponte do Rio Kwai, 1957

O homem não foi feito para a derrota. Um homem pode ser destruído, mas não derrotado
Spencer Tracy
O Velho e o Mar, 1958

Eu não vivo com você. Nós ocupamos a mesma jaula.
Elizabeth Taylor para Paul Newman
Gata em Teto de Zinco Quente, 1958

Seus olhos estão cheios de ódio, 41. Isso é bom. O ódio mantém um homem vivo.
Jack Hawkins para Charlton Heston
Ben Hur, 1959

Apesar de tudo, eu ainda acredito que as pessoas são boas de coração.
Últimas linhas de Millie Perkins
O Diário de Anne Frank, 1959

Os cavalheiros não estão tentando matar meu filho, estão ?

Jessie Royce Landis para os assassinos no elevador, embaraçando seu filho, Cary Grant. Detalhe : Na época do filme Grant tinha 54 anos e Royce era dez meses mais nova que ele
Intriga Internacional, 1959

– Jerry, você não pode estar falando sério.
– Por que não ? Ele vive casando com garotas.
– Mas você não é uma garota ! Você é um cara. Por que um cara ia querer casar com outro ?
– Segurança

Tony Curtis fica sabendo das intenções matrimoniais de seu amigo, Jack Lemmon
Quanto Mais Quente, Melhor, 1959

– ...E eu tenho um passado terrível. Eu vivo há três anos com um saxofonista.
– Eu te perdôo.
– Eu nunca vou poder ter filhos
– Nós adotamos alguns.
– Você não entende, Osgood, eu sou homem !
– Bem, ninguém é perfeito

Jack Lemmon (aparentemente mudando de idéia) para Joe E. Brown, na cena final do filme
Quanto Mais Quente, Melhor, 1959

Saudações, meus amigos. Todos nós estamos interessados no futuro, porque é lá que eu e você vamos passar o resto de nossas vidas.
Criswell, o clarividente, no início da obra máxima de Ed Wood, considerada por muitos críticos o pior filme de todos os tempos. Nas palavras de Wade Williams, o filme é " um hino a todos aqueles que tentaram nobremente criar algo memorável e significativo e falharam miseravelmente em cada passo do caminho"
Plano 9 do Espaço Sideral, 1959

Mamãe – qual é a frase ?...– não está se sentindo ela mesma hoje.
Anthony Perkins para Janet Leigh
Psicose, 1960

Em Roma, a dignidade encurta a vida mais do que as doenças
Charles Laughton
Spartacus, 1960

Siga direto para aquela grande estrela. A estrada está embaixo dela e vai nos levar direto para casa.
Última frase de Clark Gable para Marilyn Monroe, no último filme de ambos.
Os Desajustados, 1961

Cinema Falado

... E ele toma mais ou menos quinze banhos por dia... Eu acho que um homem deveria cheirar...Pelo menos um pouco.
Audrey Hepburn, sobre o noivo brasileiro, deixando claras as diferenças que separam os brasileiros do primeiro mundo
Bonequinha de Luxo, 1961

Com o Major Lawrence, a clemência é uma paixão... Comigo, apenas boas maneiras
Alec Guinness para Arthur Kennedy
Lawrence da Arábia, 1962

Este é o Oeste, senhor. Quando a lenda se transforma em fato, imprime-se a lenda.
Edmond O'Brien
O Homem que Matou o Facínora, 1962

– Eu admiro sua coragem, senhorita...
– Trench. Sylvia Trench. Senhor...
– Bond. James Bond.
Sean Connery e Eunice Gayson, na primeira aventura da série
007 Contra o Satânico Dr. No, 1962

Você não quer entrar por um minuto? Eu não mordo, a não ser que peçam
Audrey Hepburn para Cary Grant
Charada, 1963

Cinema Falado

Às vezes eu me pergunto de que lado Deus está.
John Wayne
O Mais Longo dos Dias, 1963

Nunca houve um silêncio assim.
Elizabeth Taylor, sobre a morte de Richard Burton
Cleopatra, 1963

Péssima noite para vocês, meus amiguinhos corajosos. Guardem bem estas palavras: a todos vocês que já viram um velório, o rosto pálido de um cadáver, a todos que não acreditavam em almas penadas: Se, ao saírem desse cinema, tiverem de passar por ruas escuras, sozinhos, ainda há tempo. Não assistam a esse filme! Vão embora! Tarde demais... Vocês não acreditaram. Querem mostrar uma coragem que não possuem. Pois então, fiquem... sofram... Assistam "Á Meia-Noite Levarei Sua Alma"
A bruxa-cigana Eucaris de Morais, no início do filme, com texto e direção de José Marica Marins, o mais respeitado diretor primitivista brasileiro. Como observaram os biógrafos André Barcinski e Ivan Finotti, o recurso de abrir o filme com um apresentador remete a uma das grandes influências de Zé do Caixão: Os quadrinhos de terror, em especial a degenerada e divertidíssima coleção americana de "Contos da Cripta"
À Meia-Noite Levarei Sua Alma, 1963

Cinema Falado

Depois de uma cena dessas a gente chega a ficar com fome...
José Mojica Marins – o Zé do Caixão - faz um lanchinho depois de amputar os dedos de um jogador que se negava a dar a ele o dinheiro de uma aposta
À Meia-Noite Levarei Sua Alma, 1963

Homem nessa terra só tem validade quando pega nas armas para mudar o destino
Othon Bastos, como o cangaceiro Corisco, no filme de Glauber Rocha que marca o Cinema Novo
Deus e o Diabo na Terra do Sol, 1964

Se entrega, Corisco
Maurício do Valle, o melancólico matador Antônio das Mortes, para Othon Bastos, na frase final do filme
Deus e o Diabo na Terra do Sol, 1964

Sua idéia de fidelidade é não ter mais de um homem na cama ao mesmo tempo.
Dick Bogarde para Julie Christie
Darling – A que Amou Demais, 1965

Cinema Falado

Eu juro – Se você existisse, eu me divorciaria de você
Elizabeth Taylor para Richard Burton
Quem tem medo de Virginia Wolf, 1966

Sra. Robinson, a senhora está tentando me seduzir, não está ?
Dustin Hoffman para Anne Bancroft
A Primeira Noite de um Homem, 1967

Nós roubamos bancos
Warren Beatty e Faye Dunaway
Uma Rajada de Balas, 1967

Estão vendo o que é o povo? Um imbecil...um analfabeto...um despolitizado...
Jardel Filho, como o jornalista e poeta Paulo Martins, no filme que consagrou Glauber Rocha internacionalmente
Terra em Transe, 1967

Pare, Dave...Você vai parar ? Eu estou com medo... Estou com medo, Dave. Dave, eu estou perdendo minha mente... Eu posso sentir...Eu posso sentir... Não há dúvida.
Últimas frases de Hal
2001 – Uma Odisséia no Espaço, 1968

Ele usa cinto de segurança vendo filmes no drive-in.
Walter Matthau sobre Jack Lemmon
O Estranho Casal, 1968

Depois de quinze minutos, eu sabia que queria casar com ela. E depois de meia hora, eu desisti totalmente de bater a bolsa dela.
Woody Allen, depois do primeiro encontro com Janet Margolin
Um Assaltante Bem Trapalhão, 1969

Eu preciso de um bolo com um revólver dentro. E de doze biscoitinhos de chocolate com uma bala dentro de cada.
Woody Allen planeja sua fuga da cadeia
Um Assaltante Bem Trapalhão, 1969

Ainda não construiram uma prisão capaz de me segurar. Eu vou sair desta cadeia nem que eu tenha que passar minha vida inteira aqui.
Woody Allen
Um Assaltante Bem Trapalhão, 1969

Meu psiquiatra perguntou se eu achava sexo sujo e eu respondi – só quando é bem feito.
Allen
Um Assaltante Bem Trapalhão, 1969

Cinema Falado

Eu faço qualquer coisa que vocês pedirem, menos uma: ver vocês morrerem. Eu vou perder esta cena, se vocês não se importam
Katherine Ross se despede de Paul Newman e de Robert Redford
Butch Cassidy e o Sundance Kid, 1969

Bom, uma coisa você pode falar da masturbação : Você não precisa estar muito bem vestido.
Cliff Gorman
Os Garotos da Banda, 1970

Amar é nunca ter que pedir perdão
Ryan O'Neal citando Ali MacGraw
Love Story, 1970

Eu sei o que você está pensando. Ele atirou seis ou cinco vezes ? Bom, para dizer a verdade, com toda essa excitação eu perdi a conta. Mas como esta é uma Magnum .44, o revólver mais poderoso do mundo, capaz de explodir a sua cabeça, é o caso de você se perguntar: Eu estou com sorte?
Clint Eastwood, apontando a Magnum para a cabeça de um marginal
Perseguidor Implacável, 1971

– Como eu sou imaturo ?
– Emocional, sexual e intelectualmente.
– Sim, mas fora isso ?
Woody Allen e Louise Lasser
Bananas, 1971

Os americanos não vão nos reconhecer porque pensam que nós somos comunistas. Os comunistas não vão nos reconhecer porque pensam que nós somos fantoches americanos. A única pessoa no mundo que nos reconheceu foi presa ontem por atentado ao pudor
Woody Allen, novo presidente de San Marco
Bananas, 1971

Eu não vou tentar explicar o que aconteceu ontem à noite porque eu sei que, com o tempo, você vai encontrar um modo próprio de lembrar
Carta de Jennifer O'Neill para o adolescente Gary
Grimes, depois de levá-lo para cama
Houve Uma Vez Um Verão, 1971

A vida é feita de pequenas idas e vindas. E para cada coisa que a gente leva conosco, tem alguma coisa que a gente deixa para trás
Robert Mulligan
Houve Uma Vez Um Verão, 1971

Os homens pagam duzentos dólares por mim e você está recusando uma amostra grátis ? Dá para comprar uma bela máquina de lavar pratos com isso!
Jane Fonda para Donald Sutherland
Klute, O Passado Condena, 1971

Meu pai fez uma oferta que ele não podia recusar
Al Pacino para Diane Keaton
O Poderoso Chefão, 1972

É a coisa mais idiota que eu já ouvi
Ryan O'Neal para Barbra Streisand, sobre a frase de Love Story
O Que é que Há, Gatinha, 1972

– Fodi com o Max
– Eu também.
Michael York e Liza Minnelli descobrem afinidades
a respeito de Helmut Griem
Cabaret, 1972

– O que você vai fazer sábado à noite ?
– Me matar
– E Sexta ?
Woody Allen canta Suzanne Zeno em uma discoteca
Sonhos de um Sedutor, 1972

Mulheres são simples. Eu nunca encontrei uma que não entendesse um tapa na boca ou uma coronhada de uma .45
Jerry Lacy, interpretando o espírito de Humphrey Bogart, orienta Woody Allen sobre psicologia feminina
Sonhos de um Sedutor, 1972

Meu pai era um bêbado, comedor de putas, valentão de bar, super-macho, durão. Minha mãe era muito poética, bêbada também e minhas lembranças de garoto são dela sendo presa nua
Marlon Brando, em fala escrita pelo próprio ator, baseada em sua infância. Depois do filme pronto, ele diz ter decidido nunca mais se destruir emocionalmente por um trabalho
O Último Tango em Paris, 1972

Sua mãe chupa pica no inferno !
Linda Blair (com a voz de Mercedes McCambridge) conta as novas sobre a família do padre vivido por Jason Miller
O Exorcista, 1973

Posso fazer uma pergunta pessoal :
Você sorri o tempo todo ?
Barbra Streisand para Robert Redford
Nosso Amor de Ontem, 1973

Muitas pessoas não encaram o fato de que,
no lugar certo, na hora certa, elas são capazes
de qualquer coisa.
John Huston
Chinatown, 1974

É claro que eu sou respeitável. Eu sou velho.
Políticos, prédios feios e putas se tornam totalmente
respeitáveis se durarem o bastante.
John Huston
Chinatown, 1974

Ela é minha irmã e minha filha
Faye Dunaway, entre tapas, comentando as particularidades de
suas relações familiares para Jack Nicholson
Chinatown, 1974

Esqueça, Jack, aqui é Chinatown
Joe Mantell para Jack Nicholson
Chinatown, 1974

Me beija, porco. Eu gosto que me beijem bastante
quando estão me fodendo.
O assaltante Al Pacino, enquanto negocia sua saída do banco
sitiado, para o policial Charles Durning
Um Dia de Cão, 1975

Cinema Falado

A próxima mulher que sair comigo vai acender feito um fliperama
Jack Nicholson para os outros detentos,
depois de uma sessão de choques
Um Estranho no Ninho, 1975

– Você foi o maior amante que eu já tive
– Bom, eu pratico muito quando estou sozinho
Olga Georges-Picot e Woody Allen
A Última Noite de Boris Grushenko, 1975

– Se um homem dissesse isso para mim, eu quebraria o seu pescoço
– Eu sou um homem !
– Bem, eu queria dizer um homem muito menor
Woody Allen e Harold Gould
A Última Noite de Boris Grushenko, 1975

– Você foi meu grande amor.
– Muito obrigado. Gostei de ter ouvido isso. Agora, se você me desculpa, eu estou morto
– E como é?
– Sabe a galinha no Restaurante Tresky's? É pior.
Diane Keaton recebe informações do além do recém falecido Woody Allen
A Última Noite de Boris Grushenko, 1975

Cinema Falado

Vamos precisar de um barco maior
Roy Scheider para Robert Shaw, depois de ver o bicho
Tubarão, 1975

Pode ser ou está difícil?
O romântico Paulo César Peréio testa a fidelidade conjugal de Maria do Rosário
Aventuras Amorosas de um Padeiro, Brasil, 1975

Você está falando comigo? Está falando comigo ?
Robert de Niro, para sua imagem no espelho
Taxi Driver, 1976

Eu sou libra. Qual o seu signo ?
Jessica Lange para o bichinho
King Kong, 1976

Bom Dia, senhor Beale. Me disseram que o senhor é maluco.
Ned Beatty para Peter Finch
Rede de Intrigas, 1976

Eu quero que vocês levantem das cadeiras. Eu quero que vocês levantem agora mesmo, vão para as janelas, ponham a cabeça para fora e gritem: Eu estou louco e não vou mais aguentar isso !
Peter Finch para os telespectadores,
provocando uma histeria coletiva
Rede de Intrigas, 1976

Eu não tenho certeza de que ela seja capaz de qualquer sentimento verdadeiro. Ela é da geração televisão. Ela aprendeu sobre a vida com o Pernalonga.
William Holden sobre sua amante – Faye Dunaway – para sua mulher Beatrice Straight
Rede de Intrigas, 1976

Um homem que nunca reclama das mulheres não as ama. Porque para entendê-las e amá-las você tem que sofrer nas mãos delas. Só então é possível encontrar a felicidade nos lábios de sua amada.
Donald Sutherland, no papel título
Casanova de Fellini, 1976

Cinema Falado

Sexo com você é uma experiência kfakaniana. E eu digo isso como um cumprimento.
Shelley Duval para Woody Allen
Noivo Nervoso, Noiva Neurótica, 1977

Foi a maior diversão que eu já tive sem rir
Woody Allen, depois da primeira vez com Diane Keaton
Noivo Nervoso, Noiva Neurótica, 1977

Ei, não critique masturbação. É sexo com alguém que você ama.
Allen
Noivo Nervoso, Noiva Neurótica, 1977

Popular? Nixon era popular. Bambolês eram populares. Uma epidemia de tifo é popular. Quantidade não significa qualidade.
Allen
Noivo Nervoso, Noiva Neurótica, 1977

Mesmo quando criança, eu sempre caía pela garota errada. Eu acho que esse é o meu problema. Quando minha mãe me levou para ver Branca de Neve, eu fui o único que se apaixonou pela bruxa.
Allen
Noivo Nervoso, Noiva Neurótica, 1977

Cinema Falado

Eu sinto que a vida se divide entre o horrível e o miserável
Allen
Noivo Nervoso, Noiva Neurótica, 1977

Isto é essencialmente como eu me sinto em relação à vida. Cheia de solidão, miséria, sofrimento e infelicidade e acaba depressa demais.
Allen, depois de contar a estória das duas velhinhas no resort que reclamavam que a comida era ruim e ainda por cima muito pouca.
Noivo Nervoso, Noiva Neurótica, 1977

Você come uma dessas garotas e elas pensam que você tem que dançar com elas.
John Travolta
Embalos de Sábado à Noite, 1977

Que a força esteja com você
Alec Guinness
Star Wars, 1977

Eu estou namorando uma garota que faz lição de casa
Woody Allen, profético
Manhattan, 1979

Vale a pena viver ? Bem, algumas coisas fazem a vida valer a pena. Coisas como...bem, vamos ver...Groucho Marx, Willie Mays e... O segundo movimento da Sinfonia Júpiter e... A gravação de POTATO HEAD BLUES de Louis Armstrong... Filmes Suecos, naturalmente... A Educação Sentimental de Flaubert... Marlon Brando, Frank Sinatra... Aquelas incríveis maçãs e pêras de Cezanne... O caranguejo no Sam Wo... O rosto de Tracy
Woody Allen enumera as razões para viver e percebe que se apaixonou por Mariel Hemingway
Manhattan, 1979

Fofoca é a nova pornografia
Michael Murphy
Manhattan, 1979

Bem, eu sou meio antiquado. E não acredito em relações extra-conjugais. Eu acho que as pessoas deveriam se acasalar para o resto de suas vidas – como os pinguins e os católicos
Allen
Manhattan, 1979

Cinema Falado

– Você pensa que é Deus
– Bem, eu tenho que me inspirar em alguém
Michael Murphy e Allen
Manhattan, 1979

Eu finalmente tive um orgasmo e meu médico disse que era do tipo errado
Dianne Keaton
Manhattan, 1979

Eu gosto de assistir
Peter Sellers
Muito Além do Jardim, 1979

– Que tipo de infância você teve ?
– Curta
Fred Stuthman e Clint Eastwood
Alcatraz : Fuga Impossível, 1979

Eu amo o cheiro de napalm de manhã. Tem cheiro de vitória.
Robert Duvall
Apocalypse Now, 1979

Cinema Falado

Acusar um homem de assassinato por aqui
é como multar alguém por excesso de velocidade
na Fórmula Indy
Martin Sheen
Apocalypse Now, 1979

Se eu morrer, eu lamento por todas as coisas ruins
que eu fiz para você. Se eu viver, lamento todas as
coisas ruins que eu vou fazer para você
Roy Scheider, vivendo o alter-ego do coreográfo
Bob Fosse, segue para o hospital depois de um ataque do coração.
A primeira parte da frase é para sua ex-esposa (Leland Palmer) e
a segunda para sua nova namorada (Ann Reinking)
O Show Deve Continuar, 1979

Eu não sou um animal
John Hurt
O Homem Elefante, 1980

Vai me comer logo ou vai ficar enrolando?... Acho
que esse cara gosta mesmo é de vara
Matilde Mastrangi para um desanimado David Cardoso
Pornô, 1980

Joey, você já esteve em uma prisão turca ?
O piloto Peter Grave recepciona o garoto
Rossie Harris em sua cabine
Apertem os Cintos, O Piloto Sumiu, 1980

Cinema Falado

Cobras. Por que sempre tem que ter cobras ?
Harrison Ford
Caçadores da Arca Perdida, 1981

Uma bosta de país, Oliveira. Uma gente burra. São todos uns ladrõezinhos. Este país é uma churrascaria. Nós somos muito medíocres, uns covardezinhos. Você, por exemplo, é uma besta. Não, eu não quis te insultar, Oliveira. Eu também sou um imbecil. Eu tô falando metaforicamente. Você é uma besta mesmo, Oliveira. Será que não percebe que eu tô falando metaforicamente?...
Será que ninguém me entende neste país?
Paulo César Peréio fala pelo telefone com um interlocutor invisível,
no Brasil pós-milagre, com texto e direção de Arnaldo Jabor.
Peréio talvez seja o ator mais interessante do cinema brasileiro.
Ele faz parte daquela classe atores bogartianos (os anti-Robert
de Niro por excelência) que, em qualquer personagem, estão
sempre interpretando a si próprios – o que demanda uma persona
cinematográfica muito forte para funcionar
Eu Te Amo, 1981

Contrabando, putaria , armas...era bonito !
Burt Lancaster, nostálgico
Atlantic City, 1981

Um estranho fenômeno se deu hoje na câmara dos deputados. No meio de uma sessão plenária, um mau cheiro insuportável começou a exalar por debaixo da mesa do presidente da câmara. Operários cavaram um buraco no centro do parlamento e verificaram, terrificados, que se tratava de uma massa informe, imunda, no centro de Brasília. Alguns jornalistas presentes afirmaram que se tratava do fim do Milagre Brasileiro. Porém, Seu Sérginho, o faxineiro chefe, declarou: "Enfim apareceu a grande cagada nacional"
Paulo César Peréio, como noticiarista.
Eu Te Amo, 1981

Eu acho que te subestimei, Ned. Você está usando sua incompetência como defesa
Ted Danson para William Hurt
Corpos Ardentes, 1981

– Você não é muito esperto. Eu gosto disso em um homem.
– O que mais você gosta? Preguiçoso? Feio? Tarado? Eu tenho tudo!
– Você não parece preguiçoso.
Kathleen Turner e William Hurt
Corpos Ardentes, 1981

– Você não devia se vestir assim.
– Isto é uma blusa e uma saia. Eu não sei do que você está falando.
– Você não devia usar este corpo.
Hurt/Turner
Corpos Ardentes, 1981

– Eu preciso de atenção. De alguém para tomar conta de mim. Alguém para massagear meus músculos cansados, estender meus lençóis
– Case
– Eu só preciso hoje à noite
Hurt/Turner
Corpos Ardentes, 1981

Quando esquenta, as pessoas começam a pensar que as velhas regras não valem mais. Elas começam a se matar umas às outras.
J. A. Preston
Corpos Ardentes, 1981

– Eu nunca faria nada para te magoar. Eu te amo. Você tem que acreditar nisso
– Continue falando, Matty. A experiência mostra que podem me convencer de qualquer coisa
Turner/Hurt
Corpos Ardentes, 1981

– Eu sou um médico e acredito no mundo espiritual
– Você tem que acreditar. É lá que todos os seus pacientes acabam...
Tony Roberts e Woody Allen
Sonhos Eróticos Numa Noite de Verão, 1982

ET ligou casa
ET
ET, O Extraterrestre, 1982

– A mulher certa poderia fazer você parar de beber
– Ia ter que ser uma mulher muito grande
Jill Eikenberry e Dudley Moore
Arthur, O Milionário Sedutor, 1981

Acorde, é hora de morrer
Brion James
Blade Runner, O Caçador de Andróides, 1982

Eu prefiro ser um assassino que uma vítima
Harrison Ford
Blade Runner, O Caçador de Andróides, 1982

Sr. Bond, o senhor tem o péssimo hábito de sobreviver
Louis Jourdan para Roger Moore
007 Contra Octopussy, 1982

Cinema Falado

A única razão pela qual você ainda está vivo é que eu nunca te beijei
Charles Durning, depois de descobrir que a atriz Tootsie, com a qual ele flertara, era Dustin Hoffman
Tootsie, 1982

Vai em frente, faça meu dia
Clint Eastwood, apontando a Magnum para um assaltante.
Impacto Fulminante, 1983

Vocês foram convidados em nossa casa por muito tempo. Agora queremos que saiam.
Ben Kingsley para as autoridades britânicas
Gandhi, 1983

Ela rompeu com Freud em razão do conceito de inveja do pênis. Ele achava que era exclusivo das mulheres.
Woody Allen, sobre sua psiquiatra
Zelig, 1983

Agora que você está nisso, eu espero que a gente tenha algum sexo gratuito e violência
Alec McCowen, o expert em armas Q, recepciona Sean Connery de volta ao papel de 007. O nome original do filme (Nunca Diga Nunca Mais Outra Vez) diz respeito à declaração de Connery, que havia prometido nunca mais interpretar Bond
007 Nunca Mais Outra Vez, 1983

Eu vou voltar
Arnold Schwarzenegger
O Exterminador do Futuro, 1984

Eu cobro US$ 2.000 por dia. Eu não transo animais, não faço sado-masoquismo, nem nenhuma variação deste tipo. Nada de esportes aquáticos também. Não vou raspar a buceta. Nada de penetração com a mão e, de jeito nenhum, ninguém gozando na minha cara.
Melanie Griffith, dando as condições para
participar de um filme pornô
Dublê de Corpo, 1984

Eu ouço sua voz o tempo todo – todo homem tem a sua voz
Nastassja Kinski para Dean Stanton
Paris, Texas, 1984

Adeus, Jennifer. Te cuida. Tente não brincar com nada pontudo.
Valerie Harper se despede da adolescente Michelle Johnson,
que seduziu o marido dela, Michael Caine
Feitiço do Rio, 1984

Você pode contratá-la pelo preço antigo, que é qualquer coisa que você queira dar
Woody Allen, empresariando seus talentos
Broadway Danny Rose, 1984

Eu prometo que se a sua esposa nunca mais levantar, eu te levo no restaurante que você escolher. Você gosta de comida chinesa?
Woody Allen tenta acalmar um marido cuja esposa foi hipnotizada pelo seu cliente
Broadway Danny Rose, 1984

Medíocres em todo o mundo. Agora e no futuro. Eu os absolvo
F. Murray Abrahan, vivendo o compositor Salieri
Amadeus, 1984

Eu gosto de você. Vou te matar por último
Arnold Schwarzenegger mostra sua afeição
Comando para Matar, 1985

Você não pode aprender a ser real. É como aprender a ser anão. Não é uma coisa que dá para aprender.
Jeff Daniels para seu dublê, saído da tela
A Rosa Purpúra do Cairo, 1985

Quando Deus quer te punir, ele atende às suas preces
Meryl Streep
Entre Dois Amores, 1985

Eu me vi em você
Mickey Rourke para Kim Bassinger
9 ½ Semanas de Amor, 1986

Eles gostam da idéia de ter filhos, mas nunca se interessaram muito em criá-los
Barbara Hershey sobre seus pais
Hannah e Suas Irmãs, 1986

Foi muito divertido mesmo. Foi como o tribunal de Nuremberg
Woody Allen fala do seu encontro com a irmã de sua ex-mulher, Diane West
Hannah e Suas Irmãs, 1986

– Há dois meses atrás você pensava que tinha um câncer maligno
– Claro. De repente apareceu um ponto preto nas minhas costas.
– Era na sua camisa !
Julie Kavner não se impressiona com os sintomas de Woody Allen. Mia Farrow conta que na vida real Allen é hipocondríaco, com um especialista para cada parte do corpo e capaz de tomar a temperatura de dez em dez minutos quando está indisposto. Quando seus filmes são lançados, ele costuma fazer uma projeção especial (com sala lotada) para seus médicos e esposas.
Hannah e Suas Irmãs, 1986

A razão pela qual eles nunca puderam responder à pergunta "Como isso pôde acontecer ?" é porque é a pergunta errada. Dado o tipo de gente que eles são, a pergunta é "Por que não acontece com mais frequência?"
Max Von Sydow, sobre o holocausto
Hannah e Suas Irmãs, 1986

Nós somos fantasmas. Nós levantamos da escuridão e desaparecemos outra vez
Marcello Mastroianni aparece em um show de TV com Giulietta Masina, depois de um longo tempo afastado do palco
Ginger e Fred, 1986

Eu nunca mais tive amigos como aqueles de quando eu tinha doze anos. Jesus, alguém teve?
Richard Dreyfuss
Conta Comigo, 1986

Eu estou sendo remarcada ? Eu fui sequestrada pela K. Mart !
Bette Midler, ao saber que estavam baixando o valor de seu resgate, que o marido não queria pagar
Por Favor, Matem Minha Mulher, 1986

Crime é uma doença e eu sou a cura
Sylvester Stallone
Cobra, 1986

Cinema Falado

Você não sai um dia simplesmente e colhe um estilo de uma árvore. A árvore está dentro de você – crescendo naturalmente
Saxofonista Dexter Gordon explica sua arte
Por Volta da Meia Noite, 1986

Ganância é bom ! Ganância é correto ! Ganância vai salvar os Estados Unidos !
Michael Douglas, sintetizando o pensamento da década
Wall Street, 1987

Dinheiro é apenas uma coisa que você precisa para o caso de não morrer amanhã
Martin Sheen, no contraponto
Wall Street, 1987

Eu não vou ser ignorada !
Glenn Close
Atração Fatal, 1987

Não, mas eu me sinto melhor quando elas não estão em volta
Mickey Rourke responde para Faye Dunaway se ele odeia as pessoas
Barfly – Condenados pelo Vício, 1987

Estou muito velho para essa merda
Danny Glover, o tempo todo na série toda
Máquina Mortífera, 1987

– Deus me odeia, é isso
– Odeie ele também. Funciona comigo.
Danny Glover recebe lições de eucaristia de Mel Gibson
Máquina Mortífera, 1987

Ele puxa uma faca, você puxa um revólver; eles mandam um dos seus para o hospital, você manda um deles para o necrotério
Sean Connery ensina para Kevin Costner como apanhar Al Capone, à moda de Chicago
Os Intocáveis, 1987

Bom dia, Vietnã. O tempo vai ser quente e úmido, bom em uma mulher, mas não em uma selva
Robin Williams começa seu programa de rádio na Saigon de 1965
Bom Dia, Vietnã, 1987

Está fora do meu controle
John Malkovich rompe com Michelle Pfeifer
Ligações Perigosas, 1988

Eu não sou má, só fui desenhada desse jeito
Jessica Rabbit (com a voz de Kathleen Turner) para Bob Hoskins
Uma Cilada para Roger Rabbit, 1988

Às vezes eu canto e danço pela casa de calcinha. Isso não faz de mim a Madonna.
Joan Cusack para Melanie Griffith
Uma Secretária de Futuro, 1988

Eu tinha doze anos. E ela era freira. Me fale de pressão...
Danny De Vito conta sua primeira vez
Irmãos Gêmeos, 1988

Eu realmente gosto de você, Tomas. Você é o contrário completo do kitsch. No reino do kitsch, você seria um monstro.
Lena Olin para Daniel Day-Lewis
A Insuportável Leveza do Ser, 1988

Se esta é a sua idéia de Natal, eu tenho que ficar para o ano novo
Bruce Willis, tira nova-iorquino, depois de combater os doze alemães que invadiram um arranha-céu em Los Angeles no Natal
Duro de Matar, 1988

Toque o pau dele e ele morre
Kevin Kline instrui sua namorada Jamie Lee Curtis até onde ela pode ir para seduzir John Cleese
Um Peixe Chamado Wanda, 1988

Cinema Falado

Não me chame de estúpido
Kevin Kline
Um Peixe Chamado Wanda, 1988

Não me chame de júnior
Harrison Ford para seu pai, Sean Connery
Indiana Jones e a Última Cruzada, 1989

Nesta aula vocês podem me chamar de Sr. Keating ou – se vocês forem um pouco mais audaciosos – de capitão, meu capitão
Robin Willians
Sociedade dos Poetas Mortos, 1989

Você saiu de casa justamente quando estava começando a ficar interessante
Sean Connery se defende da acusação de seu filho, Harrison Ford, de que eles nunca conversavam
Indiana Jones e a Última Cruzada, 1989

Nós não lemos e escrevemos poesia porque é bonitinho. Nós lemos e escrevemos poesia porque somos parte da raça humana, e a raça humana está repleta de paixão. Medicina, lei, negócios, engenharia são ocupações nobres para manter a vida, mas poesia, beleza, romance, amor são razões para ficar vivo.
Robin Willians
Sociedade dos Poetas Mortos, 1989

Carpe Diem
Aproveite o dia. Frase de Robin Willians para seus alunos
Sociedade dos Poetas Mortos, 1989

Eu não tenho nenhuma privacidade. É como ter crianças em casa.
Jessica Tandy para seu filho (Dan Aykroid) sobre empregados
Conduzindo Miss Daysi, 1989

Um divórcio civilizado é uma contradição de termos
Danny de Vito. Millôr falava algo parecido sobre a expressão "Inteligência Militar"
A Guerra dos Roses, 1989

O que são 500 advogados no fundo do oceano? Um começo !
Danny de Vito
A Guerra dos Roses, 1989

Eu tenho a teoria de que você não deve aceitar conselhos de alguém que não te conheça intimamente
James Spader sobre as razões para não ir a um Analista
Sexo, Mentiras e Videotapes, 1989

Rambo é uma bichinha
Sylvester Stallone
Tango e Cash – Os Vingadores, 1989

Cada palavra que eu digo é, por definição, uma promessa
Marlon Brando, no papel do mafioso tipo Don Corleone
Um Novato na Máfia, 1989

A última vez que eu estive dentro de uma mulher foi quando eu visitei a estátua da liberdade
Woody Allen
Crimes e Pecados, 1989

É muito difícil fazer sua cabeça e seu coração trabalharem juntos. No meu caso, eles não são nem amigos
Woody Allen
Crimes e Pecados, 1989

Deus é um luxo que eu não posso me permitir
Martin Landau
Crimes e Pecados, 1989

A felicidade humana não parece ser parte dos desígnios da criação. Somos nós, com nossa capacidade de amar, que damos sentido a um universo indiferente. Muitos seres humanos parecem ter a capacidade de continuar tentando e mesmo de encontrar alegria em coisas simples como a família, o trabalho e a esperança de que as futuras gerações possam ser mais compreensivas.
Martin Bergmann
Crimes e Pecados, 1989

...Assim como a chuva ácida
Resposta de Woody Allen quando Mia Farrow descreve o produtor de TV Alan Alda como "um fenômeno da nossa era"
Crimes e Pecados, 1989

Quando ele diz que quer trocar idéias, o que ele está querendo é trocar fluídos corporais.
Woody Allen
Crimes e Pecados, 1989

Eu vou querer o mesmo que ela
Estelle Reiner, mãe do diretor Rob Reiner, faz o pedido ao garçon depois de assistir Meg Ryan simulando um orgasmo na mesa ao lado
Harry e Sally – Feitos um Para o Outro, 1989

– Nenhum homem pode ser amigo de uma mulher que ele ache atraente. Ele sempre vai querer transar com ela.
– Você quer dizer que um homem só pode ter amizade com uma mulher que ele não ache atraente?
– Não. Ele vai querer transar com ela do mesmo jeito.
Billy Cristal/ Meg Ryan
Harry e Sally – Feitos um Para o Outro, 1989

Quanto tempo eu tenho que ficar aqui abraçado antes de levantar e ir embora? Trinta segundos é suficiente ?
Billy Cristal, depois de ter transado com Meg Ryan, para si próprio, experimentando a depressão pós-coito
Harry e Sally – Feitos um Para o Outro, 1989

Cinema Falado

Magra, bonita, seios grandes...seu pesadelo básico
Carrie Fisher descreve para Meg Ryan a nova namorada
de Billy Cristal
Harry e Sally – Feitos um Para o Outro, 1989

Quando você percebe que quer passar o resto da vida com alguém, você quer que o resto da sua vida comece o mais cedo possível.
Billy Cristal se declara para Meg Ryan
Harry e Sally – Feitos um Para o Outro, 1989

Eu nunca comprei um congressista na minha vida ! Eu alugo. É mais barato
Paul Newman
Blaze, o Escândalo, 1989

Eu não me importo de ficar velha – eu nunca pensei que fosse viver tanto mesmo – Eu me importo de parecer velha.
Shirley McLaine
Lembranças de Hollywood, 1990

Eles têm que parar de matar as árvores ou o Sol vai devorar o ar
Laura Harring, antecipando Al Gore e sua Verdade Inconveniente, como a princesa amazônica que dança lambada para salvar a floresta
Lambada, A Dança Proibida, 1990

Nunca odeie os seus inimigos. Afeta o seu julgamento.
Al Pacino ensina seu sucessor, Andy Garcia
O Poderoso Chefão 3, 1990

Outro elevador... Outro porão... Como é que essa mesma merda pode acontecer duas vezes para o mesmo cara?
Bruce Willis
Duro de Matar 2, 1990

Eu vou te levar para o banco, senador. O banco de sangue.
Steven Seagal encontra o responsável pela morte de sua mulher
Difícil de Matar, 1990

Minha mãe é muitas coisas. Normal não é uma delas.
Winona Ryder, sobre Cher
Minha Mãe é uma Sereia, 1990

Você sabe que eu sou doida por um pau mole
Melanie Griffith, enquanto tira as calças de um não muito animado Tom Hanks
A Fogueira das Vaidades, 1990

Eu tenho que admitir a verdade:
Me deixou com tesão.
Lorraine Braco, depois de Ray Liotta ter espancado
um cara que tentou paquerá-la
Os Bons Companheiros, 1990

É como se fosse você que está fazendo eles rirem
Philippe Noiret fala de seu trabalho como projecionista
Cinema Paradiso, 1990

– Eu queria encontrar o caminho para Beverly Hills. Você pode me mostrar ?
– Claro... por cinco paus.
– Você não pode me cobrar por isso !
– Eu posso fazer o que eu quiser, neném. Eu não estou perdida.
Richard Gere encontra Julia Roberts
Uma Linda Mulher, 1990

Você e eu somos parecidos. Nós dois fodemos pessoas por dinheiro.
Richard Gere para Julia Roberts, sobre as semelhanças entre o trabalho de um mega- investidor e o de uma puta
Uma Linda Mulher, 1990

As lojas nunca são gentis com pessoas. Elas são gentis com cartões de crédito
Richard Gere
Uma Linda Mulher, 1990

Eu estou de calcinha preta
Madonna responde a Warren Beatty se ela está de luto pela morte de seu namorado
Dick Tracy, 1990

Você lembra quando falou que queria fazer amor comigo em um lugar estranho? Que tal Detroit?
Goldie Hawn
Alta Tensão, 1990

Desculpe não poder falar mais, mas eu tenho um velho amigo para jantar.
Anthony Hopkins, o canibal, encerra a ligação para Jodie Foster ao avistar seu antigo psiquiatra e carcereiro, Anthony Heald
O Silêncio dos Inocentes, 1991

– Eles parecem tão apaixonados
– Geralmente são as pessoas que se matam umas às outras
Emma Thompson e Kenneth Branagh
Voltar a Morrer, 1991

Seja gentil com a sua mulher. Meu marido não era gentil comigo e olha como eu fiquei
Geena Davis, enquanto enfia um policial no porta malas do carro
Telma & Louise, 1991

Uma coisa que eu amo em você é que você é o tipo de cara que volta para a família.
Barbra Streisand para seu amante, Nick Nolte, quando ele se despede dela para encontrar a esposa
O Príncipe das Marés, 1991

Minha mãe deveria ter criado cobras, não crianças
Nick Nolte
O Príncipe das Marés, 1991

Não são nada comparados com meus seios
Teri Hatcher responde a Kevin Kline, que disse admirar seus olhos
Segredos de uma Novela, 1991

Hasta la vista, baby.
Arnold Schwarzenegger
O Exterminador do Futuro 2 – O Julgamento Final, 1991

Cinema Falado

Você já percebeu eu quanto mais velho você fica, mais novas ficam as suas namoradas? Daqui a pouco você vai estar se encontrando com esperma.
Billy Cristal
Amigos, Sempre Amigos, 1991

Nunca subestime a capacidade de um homem de subestimar uma mulher
Kathleen Turner
Bonita e Perigosa, 1991

Você já foi mulher, advogado? O sonho erótico de algum caipira gordo e cabeludo? Eu aprendi a entrar em contato com o meu lado feminino.
Robert de Niro conta seu estupro na cadeia para Nick Nolte
Cabo do Medo, 1991

Os cientistas agora estão usando advogados ao invés de ratos em suas experiências. Há duas razões para isso: Os cientistas não se apegam aos advogados e existem coisas que os ratos não fazem.
Robin Willians
Hook – A Volta do Capitão Gancho, 1991

Cinema Falado

Se você ainda não recebeu uma chupetinha de um oficial superior, bem , você está deixando o melhor da vida passar por você.
Jack Nicholson para Tom Cruise, na frente
de sua oficial superior , Demi Moore
Questão de Honra, 1992

A vida é uma puta, e agora eu também
Michelle Pfeifer
Batman, O Retorno, 1992

Eu estou pouco me fodendo pro que você sabe ou não sabe. Eu vou te torturar de qualquer jeito
Michael Madsen
Cães de Aluguel, 1992

– Eu quero de parede à parede forrado com John Daniels
– Você quer dizer Jack Daniels?
– Ele pode ser Jack para você, filho, mas quando se conhece ele há tanto tempo quanto eu...
Al Pacino e Chris O'Donnell
Perfume de Mulher, 1992

Eu não estava me encontrando com ele. Eu estava fodendo com ele.
Sharon Stone
Instinto Selvagem, 1992

Eu não vou te contar todos os meus segredos só porque eu tive um orgasmo
Sharon Stone para Michael Douglas
Instinto Selvagem, 1992

– E se eu deixar a blusa meio aberta e meus seios aparecerem?
– E você acha que existe algum homem neste país que ainda não viu os teus seios?
Madonna propõe uma estratégia para aumentar o público nos jogos do seu time, sem convencer Rosie O'Donnell
Uma Equipe Muito Especial, 1992

– Eu não mereço isso...morrer desse jeito. Eu estava construindo uma casa.
– Merecimento não tem nada a ver com isso
– Eu te vejo no inferno, William Munny
– Yeah...
Gene Hackman, antes de ser assassinado, marca seu próximo encontro com Clint Eastwood
Os Imperdoáveis, 1992

Cinema Falado

– Eu dormi com uma pessoa por dinheiro. Isso faz de mim uma prostituta ?
– Não. Só pela definição do dicionário.
Mia Farrow e Woody Allen
Neblina e Sombras, 1992

– Eu nunca paguei por sexo na minha vida
– Você só pensa que não pagou
Woody Allen e a prostituta Lily Tomlim
Neblina e Sombras, 1992

Você usa sexo para expressar todas as emoções exceto amor
Mia Farrow
Maridos e Esposas, 1992

O homem com maior sorte no mundo é o que encontra o amor verdadeiro
Gary Oldman, como o personagem título
Dracula, 1992

– Você quer autopsiar Lucy ?
– Não, não exatamente. Eu só quero cortar a cabeça dela e arrancar seu coração
Richard E. Grant e Anthony Hopkins discutem os procedimentos pós-morte de Sadie Frost
Dracula, 1992

Ele está comprando apenas meu corpo. Não está comprando minha mente, nem meu coração

Demi Moore para seu marido, Woody Harrelson, sobre o fato de terem aceitado a proposta de Robert Redford , envolvendo um milhão de dólares por uma noite com Demi. O filme provocou uma enxurrada de enquetes em jornal do tipo "...Você toparia fazer amor com fulano por um milhão...Com quem você toparia...etc."
Proposta Indecente, 1993

Eu não posso ouvir muito Wagner, sabe...Eu começo a querer invadir a Polônia.

Woody Allen
Assassinato Misterioso em Manhattan, 1993

– Eu não acredito que eu tinha ciúme de Ted e você. Quero dizer, se você tirar o bronzeado falso, os dentes recapeados e o sapato cubano, você fica com o quê?
– Você

Woody Allen e Diane Keaton discutem a amizade dela com Alan Alda
Assassinato Misterioso em Manhattan, 1993

– O que você vê quando está sozinho no escuro e os demônios aparecem?
– Eu vejo você parado na frente do túmulo de outro presidente morto.
Clint Eastwood – guarda-costas de Kennedy no dia do assassinato – conversa com John Malkovich
Na Linha de Fogo, 1993

– Deus cria os dinossauros. Deus destrói os dinossauros. Deus cria o homem. O homem cria o dinossauro
– Dinossauros comem os homens. As mulheres herdam a terra
Jeff Goldblum e Laura Dern
Parque dos Dinossauros, 1993

Mas quando os piratas do Caribe quebram, os piratas não comem os turistas.
Jeff Goldblum responde ao argumento de Sir Richard Attenborough de que no primeiro dia da Disneylândia nada funcionou
Parque dos Dinossauros, 1993

Destino é uma coisa que nós inventamos porque não suportamos o fato de que tudo que acontece é acidental
Meg Ryan
Sintonia do Amor, 1993

Cinema Falado

Estes homens fizeram um voto supremo de celibato, como seus pais e os pais deles antes
Charlie Sheen, sobre os monges que o acolheram em seu retiro
Top Gang 2, 1993

– Eu não matei minha mulher
– Eu não ligo
Harrison Ford para seu perseguidor, Tommy Lee Jones
O Fugitivo, 1993

– Você quer esse pessoal?
– Esse pessoal. Meu pessoal. Eu quero meu pessoal.
– Quem é você? Moisés?
Ralph Fiennes, o nazista, e Liam Neeson
A Lista de Schindler, 1993

Isto não é um adeus. É apenas um "eu nunca mais vou ver vocês"
Leslie Nielsen se despede de seus ex-colegas
Corra que a Polícia Vem aí 33 1/3, 1994

Fica a trinta minutos de carro daqui. Vou estar aí em dez.
Harvey Keitel
Tempo de Violência, 1994

Eu vou bancar o medieval com o seu rabo
Ving Rhames para seu estuprador
Tempo de Violência, 1994

Se o que nós experimentamos foi ou não um milagre é irrelevante. O que é relevante é que eu senti o toque de Deus. Deus esteve envolvido.
Samuel L. Jackson para John Travolta, sobre ambos terem escapado de uma tentativa de assassinato
Tempo de Violência, 1994

A trilha do homem justo é cercada por todos os lados pelas iniquidades do egoísta e pela tirania do mau. Abençoado é aquele que, em nome da caridade e da boa vontade, é o pastor dos fracos no vale da escuridão, pois ele é verdadeiramente o guardião de seu irmão e aquele que encontra as crianças perdidas. E eu hei de derrotar com grande fúria aquele que tentar envenenar e destruir meu irmão. E saberá que sou o senhor quando sentir minha vingança.
Samuel L. Jackson cita (mais ou menos) Ezequiel (25:17) antes de suas execuções
Tempo de Violência, 1994

É este. Este é o filme pelo qual eu vou ser lembrado!
Johnny Depp, interpretando o diretor Ed Wood, na estréia do filme "Plano 9 do Espaço Sideral"
Ed Wood, 1994

Mamãe sempre disse que a vida era como uma caixa de chocolates. Você nunca sabe o que vai encontrar.
Tom Hanks
Forrest Gump, 1994

Não passa um dia sem que eu me arrependa. Não porque eu estou preso aqui, como vocês pensam. Eu olho para como eu era então, um jovem estúpido que cometeu aquele crime terrível. Eu quero falar com ele. Eu quero tentar contar para ele como as coisas são, fazê-lo enxergar algum sentido. Mas eu não posso. Esse garoto já se foi e tudo que sobrou foi esse velho. Eu tenho que viver com isso. Reabilitado? É só uma palavra idiota.
Morgan Freeman , para o oficial da condicional, respondendo se ele se sente reabilitado
Um Sonho de Liberdade, 1994

Eu fui lésbica uma vez na escola, mas só por um quinze minutos
Kristin Scott Thomas
Quatro Casamentos e um Funeral, 1994

Cinema Falado

– Relacionamentos que começam baseados em circunstâncias intensas nunca duram
– Então nós vamos ter que baseá-lo em sexo.
Keanu Reeves e Sandra Bullock discutem
como manter acesa a chama da paixão
Velocidade Máxima, 1994

Crianças...10 segundos de alegria, 30 anos de tormento
Tom Arnold
True Lies, 1994

Os velhos sonhos eram bons sonhos. Eles não deram certo, mas eu estou feliz por tê-los tido
Clint Eastwood
As Pontes de Madison, 1995

Eu não quero precisar de você porque eu não posso ter você.
Clint Eastwood para Meryl Streep
As Pontes de Madison, 1995

Este tipo de certeza só vem uma vez na vida
Clint Eastwood para Meryl Streep
As Pontes de Madison, 1995

Houston, nós temos um problema
Tom Hanks
Apollo 13, 1995

– Beber é uma forma de se matar ?
– Ou me matar é uma forma de beber ?
Elisabeth Shue e Nicolas Cage
Despedida em Las Vegas, 1995

Você pode me foder no rabo. Pode gozar na minha cara. Só não no meu cabelo. Eu acabei de lavar.
Elisabeth Shue para Nicolas Cage
Despedida em Las Vegas, 1995

Eu mando. Mamãe só toma as decisões. É diferente. Sua mãe diz o que faremos e eu fico com o controle remoto da televisão.
Woody Allen responde ao seu filho adotivo quem manda na casa, ele ou a mulher
Poderosa Afrodite, 1995

...Então eu estava lá, no meu primeiro dia no set, com um sujeito por trás de mim e dois caras enormes vestidos de tiras dentro da minha boca, tudo ao mesmo tempo, e lembro que pensei "Gostei de ser atriz. Vou estudar."
Mira Sorvino sobre a descoberta de sua vocação
Poderosa Afrodite, 1995

Aquiles tinha um calcanhar de Aquiles. Eu tenho um corpo todo de Aquiles.
Woody Allen
Poderosa Afrodite, 1995

– Você acredita em Amor ? Do tipo que dura para sempre ?
– Eu amava minha mãe
Meg Ryan e Kevin Kline
Surpresas do Coração, 1995

Você sabe o Sr. Gorbachev, que governou a Rússia aquele tempo todo. Pois eu acredito firmemente que ele ainda estaria no poder se tivesse tirado aquela coisa purpúra feia da cabeça
Nicole Kidman disserta sobre o poder da imagem na política
Um Sonho Sem Limites, 1995

– Você é uma puta, querida
– Eu Não Sou Puta !
Gina Gershon e Elizabeth Berkley discutem a verdadeira vocação da segunda na pior – e mais divertida – comédia involuntária da década
Showgirls, 1995

Cinema Falado

Só existem quatro questões de valor na vida, Don Otavio: O que é sagrado, do que é feito o espírito, por que vale a pena viver e por que vale a pena morrer. E a resposta para cada uma delas é a mesma : Só o amor.
Johnny Depp – como o louco que pensa
que é Don Juan - para Marlon Brando
Don Juan DeMarco, 1995

– Você não usa maquiagem.
– Para que? Vou continuar sendo eu mesma, só que a cores
Jeff Bridges e Barbra Streisand
O Espelho Tem Duas Faces, 1996

Casamentos não funcionam quando uma parte se sente feliz e a outra se sente miserável. Eles só funcionam quando as duas partes se sentem miseráveis
Joe Mantegna
Esqueça Paris, 1995

– Nós fomos grandes em Paris
– Esqueça Paris
– Como você esquece a melhor semana da sua vida?
– Talvez nós tenhamos sido só isso...
Uma grande semana.
Billy Cristal e Debra Winger
Esqueça Paris, 1995

Ernest Hemingway escreveu que o mundo é um lugar bom e que vale a pena lutar por ele. Eu concordo com a segunda parte.
Morgan Freeman, com os olhos de quem já viu de tudo e sabe do que está falando
Se7en – Os sete crimes capitais – 1995

Eu sou o cliente que você pediu a Deus. Sou divertido, rico e estou sempre encrencado
Woody Harrelson, no papel do editor Larry Flint, para seu advogado – Edward Norton – que ameaça abandoná-lo
O Povo Vs. Larry Flint, 1996

– Se eu voltar amanhã, podemos falar sobre o meu caso?
– Nós podemos falar sobre o que você quiser, contanto que você esteja pelada
A stripper Demi Moore e o congressista Burt Reynolds discutem a possibilidade dele interceder em favor dela para obter a custódia da filha, no filme que arruinou o livro de Carl Hiaasen
Striptease, 1996

Eu devia ir para Paris e pular da torre Eiffel. Se eu tomar o Concorde, eu posso morrer três horas mais cedo
Woody Allen
Todos Dizem Eu Te Amo, 1996

Eu nunca acreditei em Deus. Nem mesmo quando era criança. Eu costumava pensar que se ele existisse, ele fez um serviço tão ruim que as pessoas deveriam se unir e mover uma ação coletiva contra ele.
Alan Alda
Todos Dizem Eu Te Amo, 1996

Isto é mais divertido que os meus dias normais...
lendo filosofia, evitando o estupro no chuveiro...
apesar disto não ser mais um problema hoje em
dia...talvez eu esteja perdendo meu sex appeal
Sean Connery, saindo da prisão para uma missão em Alcatraz
A Rocha, 1996

Senhoras, vocês tem que ser fortes e independentes
e lembrem: Não fiquem loucas, fiquem com tudo
Ivana Trump (no papel dela própria)
Clube das Desquitadas, 1996

– Eu só quero que você saiba: Eu ainda não estou
sentindo a sua falta
– Você vai
Ralph Fiennes e Kristin Scott Thomas
O Paciente Inglês, 1996

– Quando você foi mais feliz ?
– Agora
– E quando você foi mais infeliz ?
– Agora
Ralph Fiennes e Kristin Scott Thomas
O Paciente Inglês, 1996

Se você é tão esperto, como é que passa oito anos no MIT e acaba técnico de TV a cabo?
Judd Hirsch não acredita muito quando seu filho (Jeff Goldblum)
diz ter desvendado o plano dos extraterrestres
O Dia da Independência, 1996

A vida é como um filme.
Só que você não escolhe o gênero.
Skeet Ulrich
Pânico, 1996

Filmes não criam psicopatas. Filmes tornam psicopatas mais criativos
Skeet Ulrich
Pânico, 1996

Showgirls. Absolutamente assustador
Jamie Kennedy responde ao assassino
qual seu filme de terror favorito.
Pânico 2, 1997

É por isso que o Super Homem trabalha sozinho
Batman (George Clooney), à respeito do pedido de
Robin (Chris O'Donnell) – sobre um carro igual ao batmóvel
Batman & Robin, 1997

Cinema Falado

– Pai, você acha que existe vida em outros planetas?
– Eu não sei, Faísca. Mas eu acho que se formos só nós, parece um tremendo desperdício de espaço
A menina Jena Malone (na personagem que quando adulta será a doutora Jodie Foster) para o pai, David Morse, no roteiro adaptado da obra de Carl Sagan
Contato, 1997

É como Casablanca. Sem os nazistas.
Tommy Lee Jones explica para Will Smith o centro de triagem de extraterrestres em Manhattan
Homens de Preto, 1997

– Quem teve a idéia do nome Titanic? Foi você, Bruce?
– Na verdade, sim. Eu queria passar a idéia de tamanho, e tamanho significa estabilidade, luxo e, acima de tudo, potência.
– O senhor já ouviu falar do Dr. Freud, Sr. Ismay ? Suas idéias sobre a preocupação masculina com tamanho podem ser de particular interesse para o senhor
Kathy Bates puxa assunto com Jonathan Hyde.
Kate Winslet demonstra insuspeitos conhecimentos de psicanálise.
Titanic, 1997

Eu sou o Rei do Mundo
Leonardo DiCaprio, em um acesso de megalomania que depois seria imitado por James Cameron ao receber o Oscar.
***Titanic*, 1997**

– Qual foi o oitavo álbum da Barbra Streisand ?
– Color Me Barbra
– Machão...
– Todo mundo sabe isso !!
– Todo mundo aonde ? No barzinho gay ?
Tom Selleck tenta convencer Kevin Kline a sair do armário
***Será Que Ele É?*, 1997**

As palavras mais importantes da língua inglesa não são "Eu te amo" e sim "é benigno"
Woody Allen
***Desconstruindo Harry*, 1997**

As duas coisas mais importantes são o trabalho que você escolhe e o sexo
Woody Allen
***Desconstruindo Harry*, 1997**

Buongiorno, Principessa!
Roberto Benigni saúda Nicoletta Braschi
***A Vida é Bela*, 1997**

– Esta merda rouba as tuas ambições...
– Não quando as suas ambições são ficar chapado e ver TV
Samuel L. Jackson e Bridget Fonda discutem os efeitos da droga
Jackie Brown, 1997

– Eu aposto que, a não ser talvez pelo seu penteado, você continua igual a quando tinha 29 anos
– Bom, minha bunda não é a mesma
– Maior ?
– É...
– Nada errado com isso
Robert Forster elogia Pam Grier, mostrando um lado brasileiro de sua personalidade
Jackie Brown, 1997

O que você pode esperar quando você está no topo ? Você sabe, é como Napoleão. Quando ele era o rei, você sabe, as pessoas ficavam constantemente tentando conquistar ele, você sabe, no Império Romano. Então, é a história se repetindo outra vez
Mark Wahlberg, depois de alcançar o estrelato no cinema pornô, se mostra conformado com a concorrência
Boogie Nights, 1997

É impressionante como a gente vê as coisas com clareza em meio a um surto psicótico de ciúme.
Rupert Everett
O Casamento do meu melhor amigo, 1997

Se a comunidade de inteligência é como uma família, pense em mim como aquele tio de quem ninguém quer falar.
Cylk Cozart
Teoria da Conspiração, 1997

Eu tive três amantes nos últimos quatro anos e nenhum deles chega perto de um bom livro e de um banho morno
Renée Zellweger, reeditando o princípio feminista segundo o qual uma mulher sem um homem é como um peixe sem uma bicicleta
Jerry Maguire - A Grande Virada 1997

Minha mãe era do tipo que sempre dizia que era a melhor amiga da sua filha. E eu sempre pensava " Ótimo, não só eu tenho uma mãe de merda, como minha melhor amiga é uma piranha de segunda"
Christina Ricci
O Oposto do Sexo, 1998

Bom Dia ! E caso eu não veja vocês, boa tarde, bom final de tarde e boa noite !
Jim Carrey
Truman , o Show da Vida, 1998

Vai, passarinho. Você, como as crianças, também tem o direito à liberdade. De que adiantam essas campanhas demagógicas se as crianças continuam aqui na estrada com fome?
Carla Perez, enternecida com as crianças miseráveis
(que segundo ela deveriam estar brincando e estudando),
solta dois pássaros de uma gaiola, mostrando um insuspeito
viés libertário e socialista.
Cinderela Baiana, 1998

Como se fosse uma doença e a sua cura juntas
Joseph Fiennes, no papel de William Shakespeare, tenta
explicar como é o seu amor
Shakespeare Apaixonado, 1998

Eu não pude acreditar que ela sabia meu nome. Alguns dos meus melhores amigos não sabem meu nome
Bem Stiller, depois de Cameron Diaz chamá-lo pelo nome
Quem Vai Ficar Com Mary, 1998

Cinema Falado

– Capitão, a coisa decente a fazer seria levar a criança para a próxima cidade
– Nós não estamos aqui para fazer a coisa decente. Nós estamos aqui para seguir a porra das ordens !
Vin Diesel e Tom Hanks discutem seu papel na guerra, enquanto deixam uma criança em uma casa destruída
O Resgate do Soldado Ryan, 1998

É melhor ele valer a pena. É melhor ele voltar para casa e curar alguma doença ou inventar uma lâmpada mais durável.
Tom Hanks sobre Matt Damon, o soldado Ryan, que ele e sua tropa são obrigados a resgatar
O Resgate do Soldado Ryan, 1998

No dia em que você quiser lembrar de mim, dá uma olhada no retratinho que a gente tirou junto. Eu digo isso porque tenho medo que um dia você também me esqueça.
Carta de despedida de Fernanda Montenegro para o garoto Vinícius de Oliveira
Central do Brasil, 1998

Para mim, a Internet é só outro meio de ser rejeitado pelas mulheres
Steve Zahn
Mens@agem Para Você, 1998

– Você não dormiu com ela, dormiu ?
– Isto é uma pergunta barata e a resposta, é claro, é "sem comentários"
– "Sem comentários" significa "sim". Você se masturba?
– DEFINITIVAMENTE sem comentários !
– Vê? Quer dizer sim !
Tim McInnerny e Hugh Grant trocam informações sobre o relacionamento do segundo com a estrela de cinema Julia Roberts
Um Lugar Chamado Notting Hill, 1999

– Eu vivo em Notting Hill. Você vive em Beverly Hills. O mundo inteiro sabe quem você é.
– Eu também sou só uma garota, na frente de um cara, pedindo para ele a amar.
Hugh Grant e Julia Roberts
Um Lugar Chamado Notting Hill, 1999

Ninguém está procurando por manipuladores de marionetes nesta fase gelada da economia
John Cusack reflete sobre os efeitos
da recessão no mercado da arte
Quero ser John Malkovich – 1999

Eu estou com medo de fechar meus olhos. Estou com medo de abrir também.
Heather Donahue no filme que reinventou o horror
e o marketing do cinema contemporâneo.
A Bruxa de Blair – 1999

Existe uma diferença entre saber o caminho e andar por ele
Laurence Fishburne
Matrix (1999)

Se eu fosse um pouco idiota, eu poderia ter sido policial
Mel Gibson
O Troco, 1999

Cinema Falado

Nossa geração não teve grande depressão ou grande Guerra. Nossa guerra é espiritual. Nossas depressões são nossas vidas.
Brad Pitt no filme mais niilista da década
Clube da Luta, 1999

As coisas que você possui acabam por possuir você
Brad Pitt
Clube da Luta, 1999

É só depois de perder tudo que você está livre para fazer qualquer coisa.
Brad Pitt, em mais uma lição do Professor Tyler Durden
Clube da Luta, 1999

Eu acho que às vezes o passado te pega, quer você queira ou não
Tom Hanks
A Espera de um Milagre, 1999

– Eu vejo gente morta
– Nos seus sonhos? Acordado? Em sepulturas, caixões?
– Andando como gente normal. Eles não vêem uns aos outros. Eles só vêem o querem. Eles não sabem que morreram.
Haley Joel Osment e Bruce Willis no filme que, em mais de um sentido, resgatou o segundo dos mortos
O Sexto Sentido, 1999

Meu trabalho consiste basicamente em disfarçar meu desprezo pelos bundões que estão acima de mim e, pelo menos uma vez por dia, sair para o banheiro e me masturbar enquanto fantasio sobre uma vida que não pareça tanto com o inferno.
Barry Del Sherman lê a descrição de cargo de Kevin Spacey
Beleza Americana, 1999

Nenhum sonho é somente um sonho
Tom Cruise no canto do cisne de Stanley Kubrick
De Olhos bem Fechados, 1999

Eu não vou me desculpar por ser quem eu sou
Tom Cruise
Magnólia, 1999

– Você não conhece o verdadeiro eu
– Não existe um verdadeiro você
– É, eu tinha esquecido...
Jim Carrey e Courtney Love na brilhante interpretação do primeiro para o humorista dadaísta Andy Kaufman
O Mundo De Andy, 1999

Jason, eu não venho sendo honesta com você. Eu não sou uma depiladora de virilha!!
Lucy Liu confessa para Matt LeBlanc no clímax emocional do filme
As Panteras (2000)

– Qual a última coisa de que você se lembra?
– Minha Esposa...
– Que bonito!!
– ...Morrendo.
Carrie Anne Moss e Guy Pearce –
como o portador da doença-título
Amnésia, 2000

– O que faz você pensar que pode entrar aqui e pegar o que quiser?
– O nome é seios, Ed
Julia Roberts explica para Albert Finney a fonte de seu poder de apreensão de documentos
Erin Brockovich - Uma Mulher de Talento (2000)

Cinema Falado

Sabe porque os furacões são batizados com nomes de mulheres? Porque quando chegam são molhados e selvagens e quando vão embora levam sua casa e seu carro.
Luis Guzmán
Traffic, 2000

Eu tenho que te confessar: eu ando pensando muito seriamente em comer a sua esposa
Anthony Hopkins, reencarnando o canibal
Hannibal (2001)

Ao meu sinal, desencadeiem o inferno
Russell Crowe orienta suas tropas
Gladiador, 2000

– Você sabe, existe uma palavra para definir pessoas que pensam que todo mundo está conspirando contra elas...
– Eu sei. Perceptivo.
Dan Aykroyd e Woody Allen
A Maldição do Escorpião Jade, 2001

É incrível o que alguns homens acham atraente...
Uma despeitada Embeth Davidtz sobre a carnuda Renée Zellweger
O Diário de Bridget Jones, 2001

Elas são meu passado. Todos somos assombrados pelo nosso passado.
Russell Crowe, no papel do Prêmio Nobel esquizofrênico Dr. John Nash Jr, falando sobre suas alucinações
Uma Mente Brilhante, 2001

– Eles dizem que eu paguei minha dívida com a sociedade
– Engraçado, eu não recebi cheque nenhum...
O ex-presidiário George Clooney reencontra a ex-esposa, Julia Roberts
11 Homens e um Segredo, 2001

– Posso fazer algo por você?
– Você já faz demais – faculdade, trabalho, este tempo todo comigo. Você não é o Super Homem...
Tobey Maguire – o herói mascarado – e sua tia Rosemary Harris
Homem Aranha, 2002

Você é tão misterioso para mim quanto uma privada entupida é para um encanador
Al Pacino para Robin Williams
Insônia, 2002

Será possível que não existam coincidências?
Mel Gibson, como o improvável pastor
Sinais, 2002

Este é o pior ator que eu já vi na minha vida
William Shatner – no papel dele mesmo – sobre o talento interpretativo de Robert de Niro
Showtime, 2002

Eu inventei um jogo novo para a TV. Chama-se o jogo do velho. Você coloca três caras velhos com uma arma carregada. Eles olham para suas vidas, examinam quem eles foram, o que conquistaram e o quanto eles chegaram perto de realizar seus sonhos. O vencedor é o cara que não estourar os miolos. Ele ganha uma geladeira.
Chuck Barris, o inventor do Show do gongo, no papel dele mesmo
Confissões de Uma Mente Perigosa, 2002

Dadinho é o caralho! Agora meu nome é Zé Pequeno, porra!
Leandro Firmino incorpora um Prince básico e informa que de agora em diante seu cartão de visitas trará um novo epíteto.
Cidade de Deus, 2002

Cinema Falado ─────────────────────

...
Rodrigo Santoro
As Panteras Detonando, 2003

– Então, o que você está fazendo por aqui?
– Uma coisa e outra. Tirando uma folga da minha mulher. Esquecendo o aniversário do meu filho. E, ahn, recebendo dois milhões de dólares para falar bem de um uísque quando eu podia estar fazendo uma peça em algum lugar.
– Oh...
– O bom é que o uísque funciona.
Scarlett Johansson e Bill Murray trocam informações sobre a presença do ultimo em Tóquio.
Encontros e Desencontros, 2003

Como você sabe eu sou um entusiasta de histórias em quadrinhos. Especialmente as de superheróis. Eu acho fascinante toda a mitologia que os cerca. Pegue meu super-herói favorito, o Super Homem. Não é um grande quadrinho. Não é particularmente bem desenhado. Mas a mitologia... A mitologia não é só ótima, é única. O principal na mitologia de um super-herói é que existe o superherói e seu alter-ego. Batman na verdade é Bruce Wayne, O Homem-Aranha é, na verdade, Peter Parker. Quando esse personagem acorda de manhã, ele é Peter Parker.

Ele tem que vestir um uniforme para se tornar o Homem-Aranha. E é nisso que o Super Homem é único. O Super Homem não se tornou o Super Homem – ele nasceu como Super Homem. Quando o Super Homem acorda de manhã, ele é o Super Homem. Seu alter ego é Clark Kent. Seu uniforme com o grande S é o cobertor em que ele estava enrolado quando os Kent o encontraram, ainda bebê.
São as roupas dele. O que o Kent usa – o óculos, o terno de negócios – este é o uniforme. É o uniforme que o SuperHomem usa para se misturar conosco. Clark Kent é como o Super Homem nos vê. E quais as características de Clark Kent? Ele é fraco, inseguro, um covarde. Clark Kent é a crítica do Super Homem de toda a raça humana.

David Carradine educa Uma Thurman sobre a psicologia dos superheróis
Kill Bill II, 2004

– E qual é o título?
– O Dia Depois de Ontem.
– Quer dizer... Hoje?

Virginia Madsen tira toda a poesia do título do livro de Paul Giamatti
Sideways – Entre Umas e Outras, 2004

O homem que disse "Eu prefiro ter sorte do que ser bom" viu a vida com profundidade. As pessoas tem medo de encarar o quanto a vida depende da sorte. Dá medo pensar em quanta coisa está fora de nosso controle. Há momentos em uma partida de tênis em que a bola bate em cima da rede, e, em uma fração de segundo, ela pode ir para frente ou para trás. Com um pouco de sorte, ela vai para frente e você ganha. Ou talvez não vá, e aí você perde.
Jonathan Rhys Meyers, no melhor Woody Allen dos ultimos anos.
Match Point – Ponto Final, 2005

– Procure a palavra idiota no dicionário. Sabe o que você vai encontrar?
– Minha foto?
– Não – a definição da palavra idiota, que é o que você é, porra!
Val Kilmer não mostra muito apreço pela inteligência de Robert Downey Jr.
Beijos e Tiros, 2005

Eu não quero ser um produto do meu ambiente: Eu quero que meu ambiente seja um produto de mim.
Jack Nicholson como o chefe Mafioso
Os Infiltrados, 2006

Políticos são como fraldas – eles devem ser trocados com frequência e pela mesma razão.
Robin Williams cita Benjamin Franklin
O Homem do Ano, 2006

Agora chega! Estou de saco cheio destas porras destas cobras filhas da puta nesta porra deste avião.
Samuel L. Jackson, na frase que os internautas insistiram para ser dita no filme. Apesar da inclusão – e da premissa hilariante – o filme afundou nas bilheterias, o que prova que espectadores podem não ser os melhores redatores.
Serpentes a Bordo, 2006

Sabe o que você ganha sendo um herói? Nada. Um tapinha nas costas, blá, blá, blá, Você ganha um divórcio. Sua mulher não lembra do seu sobrenome. Seus filhos não querem falar com você. Você come sozinho uma porção de vezes. Acredite, garoto, ninguém quer ser esse cara.
Bruce Willis – apesar disso, reprisando o herói pela quarta vez.
Duro de Matar 4.0, 2007

Isso não me interessa. É, a vida é dura. E agora sai que vou chamar o próximo
Selton Melo, acrescenta um toque filosófico ao declinar da compra de uma antiguidade
O Cheiro do Ralo, 2007

De todas as coisas que eu tive, as que mais me valeram, das que mais sinto falta, são as coisas que não se pode tocar. São as coisas que não estão ao alcance das nossas mãos. São as coisas que não fazem parte do mundo da matéria.
Selton Melo
O Cheiro do Ralo, 2007

Você é um fanfarrão, xerife!
Wagner Moura, o Capitão Nascimento, estimula um de seus comandados
Tropa de Elite, 2007

Pede para sair
Wagner Moura, o Capitão Nascimento, testa a disposição dos aspirantes
Tropa de Elite, 2007

Eu cheguei no aeroporto da América com roupas, dólares e uma jarra com lágrimas de ciganos para me proteger da AIDS.
O repórter do Cazaquistão, Sacha Baron Cohen, no papel título, pronto para sua expedição pelos EUA
Borat!, 2007

The End

Livro Bônus

25 Filmes que podem arruinar a sua vida!

Renzo Mora

CASA
& PALAVRAS

e o membro exposto de Dave Foley. Os alvos objetivados incluem não apenas o Talibã e a administração Bush, mas também americanos loucos por armas,americanos que abraçam árvores, seminários motivacionais,discursos inspiradores do tipo "por-que-nós-não-viramos-todos-amigos",motoristas orientais, pedintes aleijados e "O Segredo de Brokeback Mountain." O próprio Boll, que aparece como ele mesmo na direção de um parque temático do terceiro reich chamado "Alemanha-zinha", admite bem-humorado que seus filmes são financiados pelo ouro nazista (um boato que corre de verdade na internet)."

Mas nem todos crucificaram Boll – tido por alguns como a resposta alemã para Ed Wood.

Peter Hartlaub, do San Francisco Chronicle,comentou: "Não é exa-gero dizer que Uwe Boll é o realizador de cinema mais abertamente desprezado de sua geração... Os filmes de Boll são tão desdenhados que a própria idéia de escrever uma resenha sobre eles tornou-se controvertida. Um novo filme de Boll é menos um trabalho artístico a ser julgado e mais ... um alvo cinematográfico para o escritor testar sua habilidade em redigir uma advertência sarcástica para que os espectadores fiquem longe de qualquer que seja a nova atrocidade que o diretor tenha conseguido levar às telas.

Então o que fazer com Postal, que não apenas não é tão horrível como também é ocasionalmente divertido?... Se esse filme fosse feito por um jovem diretor, um monte de críticos estaria batendo nele por suas inconsistências – mas outros estariam louvando sua coragem."

Frase Marcante:
– Você sabe, existem estes rumores de que meus filmes são finan-ciados pelo ouro nazista. E sabe o que eu digo? É verdade. Alguém tem que fazer alguma coisa com essa grana.
– Você sabia que meu pai morreu em Auschwitz?
– Meu avô também morreu em Auschwitz... ele caiu da torre de vigilância.
Uwe Boll (no papel dele mesmo) discute com Marlaina Stewartt, uma velha senhora na audiência de seu depoimento.

SALVE-SE QUEM PUDER!

Título Original: Postal (2007)
Direção: Uwe Boll
Elenco: Zack Ward, Dave Foley, Chris Coppola

Tema:
Filme baseado em um dos games mais estúpidos e violentos de todos os tempos, o termo "Postal", do título original, designa entrar em surto psicótico violento motivado por stress, geralmente por questões laborais. A gíria ganhou popularidade nos anos 1990, quando uma série de indivíduos trabalhando para o correio norte-americano, em diferentes cidades, expressaram seu descontentamento com o trabalho entrando em suas agências e baleando seus companheiros.O primeiro episódio foi em 1986, com um saldo de quatorze mortos, pelas mãos de Patrick Sherrill, em Oklahoma. Entre esse primeiro caso e o ano de 1997, houve mais de 40 mortes em 20 incidentes diferentes, todos relacionados com o serviço postal.

No filme, um cara comum (Ward) tenta procurar emprego. Mas esta busca o leva à uma explosão de violência, incluindo um confronto com a Al Quaeda e Bin Laden. Como extra, o filme abre com uma visão do que pode ter acontecido dentro de um dos aviões que colidiram com o WTC.

Comentários:
O começo do filme já é uma provocação de alta octanagem, tanto para os fundamentalistas mulçumanos quanto para os norte-americanos em geral. Vale lembrar que os fundamentalistas não são conhecidos por seu senso de humor e têm o péssimo hábito de condenar à morte quem os ofende.

Como disse Dennis Harvey na Variety, "inúmeras ofensas deliberadas são atiradas no espectador, incluindo violência gratuita contra crianças

PAPAI NOEL CONQUISTA OS MARCIANOS

Título Original: Santa Claus Conquers the Martians (1964)
Direção: Nicholas Webster.
Elenco: John Call, Leonard Hicks, Vincent Beck

Tema:
As crianças marcianas estão tristes. Elas só conseguem ver Papai Noel pela TV. É quando seus pais decidem raptar o bom velhinho e levá-lo para seu planeta.

Comentários:
Hermes e Renato já apresentaram sua versão do filme, dublado como "Santa Claus e o pózinho mágico". Mas nem o divertido grupo consegue superar o humor involuntário do filme original. Nick Cramp, da notoriamente sisuda BBC comentou: "Alguns filmes são simplesmente ruins (Os Vingadores, com Ralph Fiennes). Outros são ruins mas desfrutáveis (Showgirls). Alguns filmes são tão ruins que vê-los é fisicamente doloroso. Este é um deles".

Frase Marcante:
– Noel, você jamais retornará à Terra. Você pertence à Marte de agora em diante.
– Ho Ho, Hooo...
Leonard Hicks e John Call (como Papai Noel) discutem o futuro da instituição natalina

Comentários:

O roteiro é de autoria de L. Ron Hubbard, fundador da Cientologia, religião de Travolta. Segundo o livro L. A. Exposed, de Paul Young, "...A revista Time, que não é de dar espaço para fofocas, adicionou lenha à fogueira quando sugeriu que os Membros da Igreja da Cientologia eram os únicos a saber 'a verdadeira natureza da sua homossexualidade (de Travolta)'. Como o artigo dizia, 'Altas fontes (da igreja) afirmam que Travolta há muito teme que se ele abandonar a igreja, detalhes de sua sexualidade viriam a público'." Qualquer que seja a razão da devoção de Travolta à Igreja da Cientologia, muito pior do que ser exposto como gay é ter participado deste filme, considerado um dos piores de todos os tempos.

John Travolta converteu-se à Cientologia em 1975 e tornou-see um de seus mais proeminentes apoiadores. Hubbard pessoalmente enviou-lhe o livro, na esperança de que ele fizesse do mesmo um filme. Quando finalmente chegou às telas, o filme foi recebido com o mesmo carinho com que se acolhe uma ratazana prenha. O crítico Roger Ebert deu ao filme meia estrela e decretou que por muito tempo ele seria o "punch line" das piadas sobre filmes ruins.

Elvis Mitchell, no New York Times, fez coro: "'O Homem é uma espécie em extinção' anuncia um dos títulos deste filme... depois de cerca de vinte minutos deste filme amadorístico, a a extinção não parece uma idéia de todo má. Assistir a esse filme é como ser espectador da mais cara peça de escola de todos os tempos"

Frase Marcante:

Humanos estúpidos...

John Travolta, talvez referindo-se aos que pagaram ingresso para ver o filme

cabeça. E você é o que você é. Mas juntos nós somos fortes".

Comentários:
Como disse Freud: "Mas, enfim, o que querem as mulheres?" Então a noiva de um cientista perde a cabeça em um acidente. Se ele a deixa morrer, é um insensível. Se faz a coisa certa e preserva a cabeça e sai matando geral para buscar um corpo para o transplante, ele também não agrada. Uma estranha metáfora sobre a permanente insatisfação feminina diante de nossos vãos esforços para satisfazê-las. Depois as mulheres reclamam que a gente não se interessa pela cabeça delas, só pelo corpo...

Frase Marcante:
Nada do que você é pode ser mais terrível do que eu sou.
A cabeça de Virginia Leith

A RECONQUISTA

Título Original: Battlefield Earth: A Saga of the Year 3000 - 2000
Direção: Roger Christian
Elenco: Jonathan Krane, Elie Samaha, John Travolta

Tema:
Estamos no ano 3000. Nos últimos 1000 anos, a Terra é dominada pelos Psychlos, aliens humanóides e pouco gentis. Nós, humanos, fomos reduzidos à condição de escravos trabalhando para seres que nos desprezam. Em outras palavras, não mudou muito.
Terl (vivido por John Travolta fantasiado de crustráceo), o chefe de segurança dos Psychlo, é condenado a permanecer no posto indefinidamente, devido à sua incompetência (ao invés de ser sumariamente demitido, que é o que qualquer organização decente faria.)

do filme. Não existe ironia intencional, nenhum piscar de olhos para ganhar a cumplicidade da platéia, nenhum fingimento de que seus péssimos efeitos especiais, seu baixo valor de produção ou péssimo roteiro são paródicos.Essa produção vai muito além da auto-paródia, criando uma verdadeira bizarria que deve ser vista para acreditar."
Plano 9, que já foi descrito como "um monumento a todos que tentaram criar algo significativo e marcante – e falharam miseravelmente em cada passo" tem essa vantagem: é sincero. E, como já foi dito, não importa que horas você o assista, toda vez que Plano 9 está sendo visto, parece ser meia-noite.

Frase Marcante:
Mas uma coisa é certa. O inspetor Clay está morto, assassinado, e alguém é responsável.
Duke Moore, como o tenente John Harper

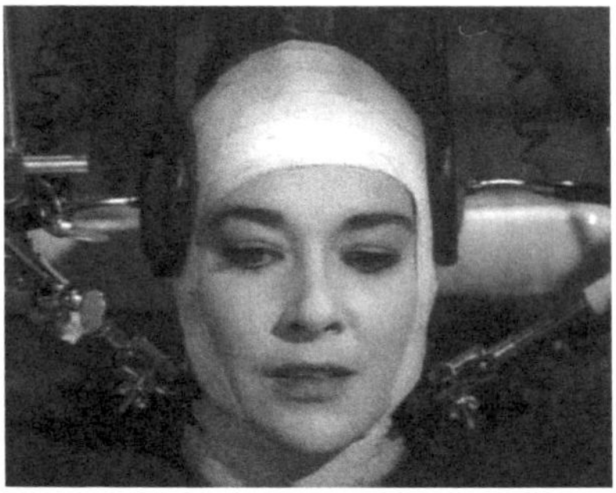

O CÉREBRO QUE NÃO QUERIA MORRER

Título Original: The Brain That Wouldn't Die – 1962
Direção: Joseph Green
Elenco: Jason Evers,Virginia Leith,Leslie Daniels

Tema:
Um cirurgião está trabalhando em uma pesquisa sobre transplante de órgãos. Quando sua noiva é decapitada em um acidente, ele mantém a cabeça viva e começa a busca por um corpo para transplantá-la. Mas ela não está contente com a idéia (e quem consegue agradar as mulheres, não é mesmo?) e começa a se comunicar telepaticamente com um mutante preso no laboratório para matar o noivo.Em um determinado momento, ela diz para o mutante: ""Eu sou apenas uma

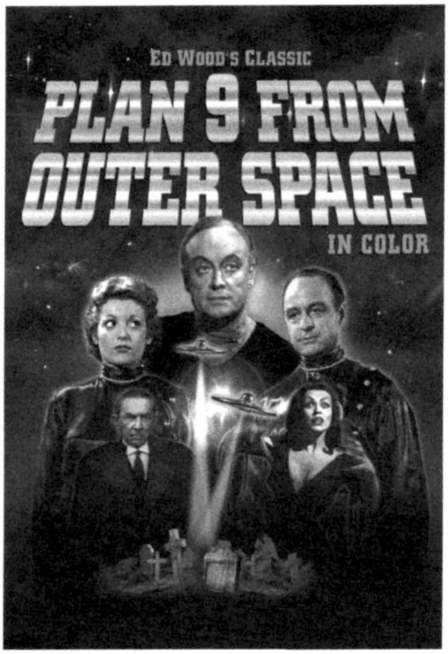

PLANO 9 DO ESPAÇO SIDERAL

Título Original: Plan 9 from Outer Space – 1959
Direção: Edward D. Wood, Jr.
Elenco: Gregory Walcott, Mona McKinnon, Tom Keene, Tor Johnson, Vampira (Maila Nurmi)

Tema:
Para impedir os terráqueos de construírem uma arma capaz de destruir o universo, os alienígenas colocam em operação seu nono plano: Ressuscitar os recém-mortos.

Comentários:
Plano 9 é o Cidadão Kane dos filmes ruins. Embora nem de perto seja tão ruim quanto Glen ou Glenda, também de Wood, foi o filme que o imortalizou como o pior diretor de cinema de todos os tempos.

Mas o filme tem seus defensores. Steve Biodrowski, do site cinefantastique,vai ao ponto:"Plano 9 é ruim, mas é divertido. O diretor-roteirista-produtor Ed Wood, Jr. parece ser abençoado por uma total ignorância de suas limitações como cineasta.

Como escritor, ele simplesmente regurgita velhos clichés e os mistura com tendências atuais, mas a bizarra combinação de terror gótico (os mortos que caminham) com ficção-científica (alienígenas e discos voadores) é interessante do ponto de vista cinematográfico. Como diretor, ele parece totalmente despreocupado em filmar cenas que estavam muito além de seu orçamento, e praticamente alheio ao fato de que seus defeitos aparecem na tela... paradoxalmente, a maior falha de Ed Wood como realizador é também sua redenção.Ele era terrivelmente sincero, e parecia pensar que o público deveria suspender sua descrença diante das limitações orçamentárias e artísticas

tável. Ao lado de Manos, The Hands Of Fate, trata-se do pior filme que já assisti. Lugosi repete o tempo todo uma rima infantil: "Beware! Beware of the big green dragon that sits on your doorstep. He eats little boys... Puppy dog tails, and BIG FAT SNAILS... Beware... Take care... Beware!" (ou "Cuidado! Cuidado com o grande dragão verde sentado na soleira de sua porta. Ele come garotinhos. Rabos de cachorrinhos. E lesmas grandes e gordas. Cuidado. Tome cuidado...").

Como escreveu Janet Maslin, crítica do New York Times, "Glen or Glenda" tem uma urgência assustadora que deve evitar que ele se torne assunto de conversas de fim de noite.É um filme ruim, com certeza, e tem sua porção de vaias. Mas não é tão sem vida que possa ser levado na piada"

De fato, o filme é perturbador. Mesmo que assistido para curtir suas falhas, ou a visão inesquecível de Wood vestindo seus casaquinhos de angorá, ainda assim o filme provoca um mal estar raro para essa categoria de filmes.

A atmosfera de pesadelo em suas passagens mais delirantes, longe de ser engraçada como as seqüências de Plano 9, provoca uma empatia com o drama de Wood que talvez explique a sobrevivência de sua obra.

Frase Marcante:
Só as profundezas infinitas da mente de um homem podem realmente contar a história.
Timothy Farrell

GLEN OU GLENDA

Título Original: Glen or Glenda – 1953
Direção: Edward D. Wood, Jr.
Elenco: Edward D. Wood, Jr. (como 'Daniel Davis'), Dolores Fuller, Béla Lugosi

Tema:
Docudrama sobre transexualidade e crossdressers. Um delegado, depois de participar de um caso envolvendo o suicídio de um crossdresser, recorre a um psiquiatra para lhe explicar as motivações dessas pessoas.
Para ilustrar o drama dos crossdressers, conta a história de Glen/Glenda, vivido pelo próprio Ed Wood com o pseudônimo de Daniel Davis, além de sua namorada na época, Dolores Fuller, que interpreta a noiva de Glen.

Comentários:
Christine Jorgensen nasceu como George William Jorgensen. Tornou-se o primeiro americano a realizar uma cirurgia de mudança de sexo. O caso foi uma sensação na mídia no início dos anos 50 e o produtor de cinema barato George Weiss intuiu que isso poderia virar um filme de impacto. Contratou Wood, que ao invés de focar na mudança de sexo, decidiu abordar o universo dos crossdressers (que ele conhecia bem por ser um deles). A insistência em ressaltar que crossdressers não são homossexuais reforça a impressão de que o filme tinha uma agenda própria. Para aumentar a repercussão, Wood contratou Lugosi, já decadente e envolvido com drogas, para interpretar uma espécie de espírito que conduz a história. No córner oposto, aparece um demônio vivido por Captain DeZita, um gigolô vizinho de Weiss, que, como Lugosi, não acrescenta nada à história. Takes de gado e de rodovias são enxertados aleatoriamente, enquanto Lugosi recita suas falas incoerentes com grande convicção.
Mesmo para os padrões de Wood, este filme é difícil, quase insupor-

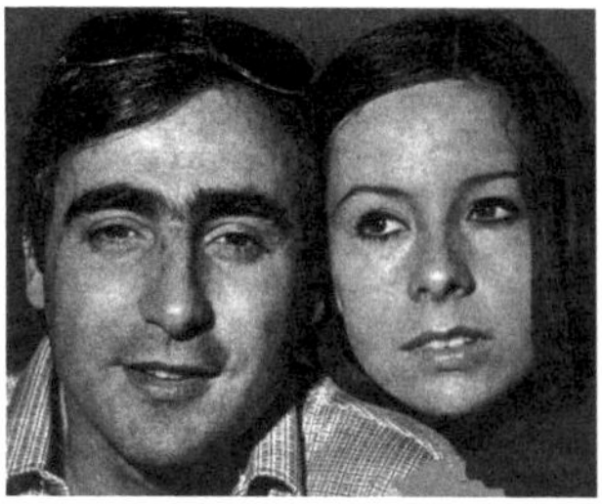

BETO ROCKFELLER

Título original: idem, 1970
Direção: Olivier Perroy
Elenco: Luiz Gustavo, Plínio Marcos, Cleyde Yáconis

Tema:
O personagem Beto Rockfeller,um pobretão que tenta entrar para a alta sociedade paulista, depois de consagrado na novela, volta a atacar a granfinagem, no eixo São Paulo-Guarujá

Comentários:
A novela Beto Rockfeller era genial e revolucionária, o que aumenta a perplexidade diante de um filme tão ruim.O filme, estranhamente, se desenrola com pouquíssimos diálogos – há uma enorme passagem filmada no aeroporto de Congonhas quase que inteiramente apoiada em trilha sonora, sem que os personagens falem uns com os outros. Como a grande graça de Beto eram suas tiradas (e a de seu parceiro de pobreza, Vitório, o mecânico interpretado por Plínio Marcos com sotaque da Móoca), tirar os diálogos é condenar o filme à morte, mesmo com as belas mulheres e locações em Guarujá. Depois que o golpe falha, resta a Beto tirar uma foto no centro da cidade, com aparição relâmpago de Raul Cortez, mais uma vez sem diálogo algum.

Frase Marcante:
"Eu tô na iminência de ingressar no Internacional Set"
Luiz Gustavo tenta convencer Plínio Marcos a emprestar o carro de um cliente para uma corrida

outra pérola. Manos, dizem, foi fruto de uma aposta do diretor Warren com um roteirista – Warren disse que não era tão difícil assim fazer um filme e, com 19 mil dólares, pôs de pé Manos.

Bem, se eu fosse o tal roteirista, cobraria a aposta.

O Mestre, para quem o deficiente físico Torgo trabalha, é uma espécie de vampiro ou demônio polígamo, além de objeto de uma pintura horripilante pendurada na sala da pousada – o filme não esclarece muito bem o que é o Mestre, embora deixe claro que ele gosta de mulheres de negligé transparente (bem, quem não gosta, não é mesmo...).

O filme tem uma longa seqüência inicial, sem diálogos, com a família andando de carro em busca do hotel, na qual Warren planejava incluir os créditos – depois descobriu que não sabia como fazer isso, mas deixou o plano na edição final. Um casal se beijando em um carro surge na estrada, sem nenhuma conexão com a trama. Feliz ou infelizmente, a única versão do filme disponível em DVD é a montagem do Mystery, ou seja, não é possível assistir ao filme sem os comentários da troupe de humoristas (por isso, quando Torgo diz que vai ser impossível hospedar os turistas perdidos, já que o Mestre não gosta de crianças, ouvimos de um dos robôs: "Ei, o Mestre é W. C. Fields!!")

Mesmo assim, Manos alcançou o status de lenda como o pior filme já feito em toda a história da sétima arte – honra que em minha opinião ele divide com Glen ou Glenda.

Frase Marcante:

– Não há nada a temer, madame. O mestre gosta da senhora. Nada vai acontecer com a senhora. Ele gosta da senhora...

– Ele gosta de mim? Eu pensei que você tinha dito que ele estava morto.

– Morto? Não, madame. Não morto do jeito que a senhora sabe. Ele está sempre conosco.

Torgo, vivido por John Reynolds, e Margareth, interpretada por Diane Mahree, discutem a estranha condição do mestre.

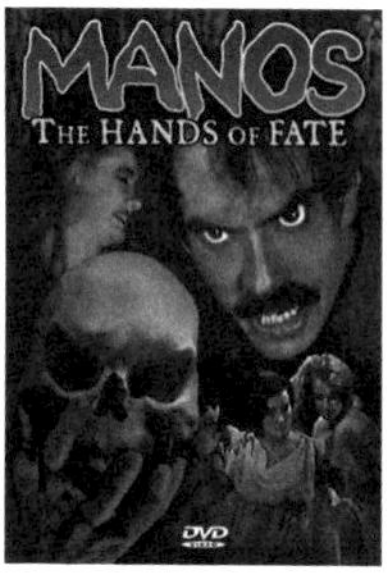

...que podem arruinar a sua vida

MANOS, AS MÃOS DO DESTINO

Título original: Manos:
The Hands of Fate - 1966
Direção: Harold P. Warren
Elenco: Tom Neyman, John Reynolds, Diane Mahree

Tema:

Um casal e sua filha (além do cachorrinho Peppy) perdem-se na estrada, indo parar em uma misteriosa pousada administrada por Torgo para o seu mestre.

Comentários:

Mystery Science Theater 3000 é, provavelmente, uma das melhores séries de TV de todos os tempos. Permanece inédita no Brasil – possivelmente porque é quase intraduzível. O conceito é o seguinte: Um astronauta e dois robôs estão presos em um satélite no espaço e um cientista maléfico os obriga a assistir os piores filmes de todos os tempos, principalmente terror e ficção científica dos anos 50 e 60. As cabeças dos três aparecem na primeira fila, como sombras, enquanto eles ficam comentando o que assistem na tela. A criação da série foi de Joel Hodgson e o programa foi ao ar nos EUA de 1988 até 1999. Em um dos programas, os heróis ressuscitam "Manos: The Hands of Fate", de 1966, escrito e dirigido por Harold P. Warren e considerado por muitos o pior filme já realizado, superando até os clássicos de Ed Wood. Talvez por ter morrido em 1966, ano de produção do clássico, talvez porque suas habilidades interpretativas não fossem suficientes para cavar um espaço no competitivo mercado hollywoodiano, John Reynolds, que interpreta Torgo, jamais participou de outro filme. Já Tom Neyman, que interpreta o Mestre – e ajudou a construir o set - está vivo até hoje e atuou em... bem, na verdade, também nunca fez outro filme. Warren, realizador do filme, era gerente da American Founder's Life Insurance Co. e depois de Manos nunca mais dirigiu

35

25 Filmes...

JESUS ZUMBI!

Título original: Zombie Jesus! - 2007
Direção: Steve Miller
Elenco: Neale Kimmel, Erez Bowers, Richard S. Jones

Tema:
Jesus Cristo volta à Terra para oferecer aos seus devotos o dom da imortalidade – mas para isso (não existe mesmo almoço de graça, como dizem os economistas...) eles devem se transformar em zumbis.

Comentários:
O filme ganhador do Zompire: The Undead Film Festival apresenta Jesus como um zumbi, o que faz algum sentido quando lembramos que ele voltou dos mortos...

Frase Marcante:
- Sou seu humilde servidor. O que queres de mim?
- Cérebro...
O Padre (Richard Jones) oferece seus serviços ao filho de Deus ressuscitado (Tristan Bell)

JESUS CRISTO, CAÇADOR DE VAMPIROS

Título original: Jesus Christ Vampire Hunter - 2001
Direção: Lee Demarbre
Elenco: Phil Caracas, Murielle Varhelyi, Maria Moulton.

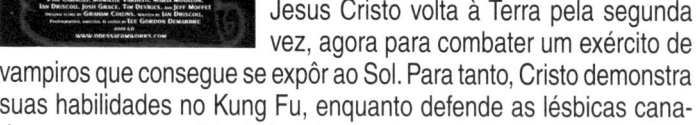

Tema:
Jesus Cristo volta à Terra pela segunda vez, agora para combater um exército de vampiros que consegue se expôr ao Sol. Para tanto, Cristo demonstra suas habilidades no Kung Fu, enquanto defende as lésbicas canadenses em companhia do lutador mexicano El Santo, depois de um corte de barba e cabelo.

Comentários:
E você imaginava que era impossível fazer um filme pior do que o do Mel Gibson envolvendo Jesus Cristo? Como escreveu Nate Yapp: "Jesus Christ: Vampire Hunter é o tipo de filme que se levanta, aperta as mãos e então come um peixinho dourado para tentar entreter. Alguns vão curtir seu charme de filme ruim, enquanto outros o verão apenas como um filme ruim. Mas estes outros nunca vão ver o filme mesmo, e perderão o que é estranhamente genial neste filme: apresentar o filho de Deus combatendo vampiros. Francamente, eu não consigo pensar em alguém que não queira ver isso"

Frase Marcante:
"Se eu não voltar em cinco minutos, chame o Papa"
Jesus Cristo, interpretado por Phil Caracas.

CINDERELA BAIANA

Título original: Idem - 1998
Direção: Conrado Sanchez
Elenco: Carla Peres, Alexandre Pires, Lázaro Ramos.

Tema:
Carlinha (sim, você adivinhou: Carla Perez) dança nas ruas com os meninos do Pelourinho, até ser descoberta pelo empresário inescrupuloso Pierre (simbolizando, possivelmente, o ataque internacional às nossas instituições culturais), que passa a explorar a menina. A redenção vem através do amor por um cantor de pagode. O filme fracassou nas bilheterias até finalmente ser lançado em VHS, quando fracassou novamente.

Comentário:
Personagem e atriz se confundem neste clássico, que dá espaço para Carla Perez mostrar sua sensibilidade política e sua preocupação com as crianças abandonadas. O filme marca a estréia – e também o fim – da carreira cinematográfica da ex-dançarina do grupo "É o Tchan", acompanhada do então namorado Alexandre Pires e de Perry Salles, ex-marido de Vera Fischer.
Como escreveu Marcelo Rubens Paiva na Folha de São Paulo:
" 'Cinderela', dirigido por Carlos Conrado Sanchez, é 'Central do Brasil' contado por alguém nos bastidores do 'Domingo Legal' de Gugu Liberato, esperando mergulhar na banheira". Injustiça: Pelo menos Cinderela diverte, Central do Brasil nem isso...

Frase Marcante: "Vai, passarinho. Você, como as crianças, também tem o direito à liberdade. De que adiantam essas campanhas demagógicas se as crianças continuam aqui na estrada com fome?"
Carla Perez solta dois pássaros de uma gaiola.

...que podem arruinar a sua vida

CASSETA & PLANETA: A TAÇA DO MUNDO É NOSSA

Título original: Idem - 2003
Direção: Lula Buarque de Hollanda
Elenco: Beto Silva, Bussunda, Cláudio Manoel

Tema:
Um líder comunista – Frederico Eugênio (interpretado por Bussunda) – planeja o roubo da taça da Copa de 1970, em plena ditadura militar brasileira.

Comentário:
O Casseta & Planeta já foi muito bom. O jornal Planeta Diário era genial, trocando o engajamento político pelo surrealismo e pelo politicamente incorreto aos primeiros ventos da Nova República, como prova o imperdível livro da Desiderata com o melhor do jornal. Mas tudo dá errado neste filme. As piadas não funcionam – e o público-alvo do filme, os adolescentes, provavelmente nunca ouviram falar de Médici.
Como escreveu Marcel Nadale "Infelizmente... a passagem dos globais para o cinema não ocorre tão suavemente... E o motivo é óbvio: a verdadeira ousadia de "A Taça do Mundo é Nossa" não está no tema, mas na estrutura, que rejeita os esquetes curtos da TV por uma evolução narrativa com começo, meio e fim. Só que os Cassetas ainda não demonstram fôlego para sustentar os mesmos personagens por uma hora e meia - e o resultado tampouco seria diferente se os protagonistas fossem favoritos da telinha, como Seu Creysson ou os policiais Fucker & Sucker."

Frase Marcante: "Os milicos estão afundando em uma areia movediça feita em computação gráfica"
Bussunda aponta a pobreza dos efeitos especiais do filme.

BATMAN E ROBIN

Título original: Batman & Robin - 1997
Direção: Joel Schumacher
Elenco: George Clooney, Arnold Schwarzenegger, Uma Thurman, Chris O'Donnell

Tema:
Você sabe – a dupla dinâmica enfrenta a Hera Venenosa e Mr. Freeze, provavelmente o único que se divertiu com o filme, já que Schwarzenegger recebeu o maior salário do elenco.

Comentário: A idéia de Batman e Robin serem gays não é novidade – e já foi explorada em milhões de piadas. O diretor Schumacher foi mais longe. Sendo abertamente gay, recheou o filme de referências homoeróticas – os mamilos dos uniformes (que ele alega terem sido copiadas de estátuas gregas – então tá...), os closes das bundas dos heróis. Até aí, nada contra, o filme poderia ser engraçado, como a antiga série de TV. Mas nem isso. George Clooney fez diversas piadas sobre o fato de Batman ser mais gay que o normal nesse filme em particular.Infelizmente, nenhuma delas é compartilhada com o público, que assiste impávido (e sem nenhum alívio cômico) ao desastre que quase marcou o fim da franquia.

Frase Marcante: A frase mais marcante deste filme não está nos diálogos. Veio depois, na forma de uma desculpa do diretor Joel Schumacher, que disse: "Minha intenção era divertir, não fazer um filme ruim. E se algum fã do Batman ficou desapontado, eu lamento muito"

...que podem arruinar a sua vida

SERPENTES À BORDO

Título original: Snakes on a Plane - 2006
Direção: David R. Ellis
Elenco: Samuel L. Jackson, Julianna Margulies, Nathan Phillips

Tema:
Sean Jones (Nathan Phillips) é levado de avião para testemunhar contra um gangster. Neville Flynn (Samuel L. Jackson) é um dos agentes do FBI encarregados de sua proteção. Mas, para fazer o avião cair, o gangster o encheu de cobras e espelhou feromônios para torná-las mais agressivas. Então elas saem da caixa onde estavam escondidas e passam a atacar os passageiros.

Comentário:
Como dizia o Lucio Flávio, bandido é bandido e polícia é polícia. Embora às vezes fique difícil encontrar essa separação, os produtores deste filme deveriam ter lembrado desta lição. Público é público, redatores são redatores. Quando o filme foi anunciado, houve uma febre na Internet de paródias e comentários. Até uma frase foi sugerida pelo público e colocada na boca da personagem de Jackson. Quando finalmente o filme foi lançado, flopou nas bilheterias. Claro, a premissa era divertida, mas não suficiente para segurar um longa metragem.E puxar o saco do público, deixando-o brincar de co-roteirista, não ajuda, necessariamente, a bilheteria.

Frase Marcante:
Enough is enough! I have had it with these motherfucking snakes on this motherfucking plane! – a frase incorporada no filme a pedido dos internautas, dita por Jackson – mais ou menos: "Agora Chega! Cansei destas cobras filhas da puta neste avião filho da puta!"

mas a faz se deteriorar se parar de ser usado. Ela é assassinada pelo patrão ao descobrir esse fato, que obviamente pode ter um impacto negativos nas vendas, mas renasce com os poderes de gatos (não fica claro o que são esses poderes, mas isso é para os detalhistas), graças à intervenção de um felino que, nas horas vagas, acumula como Deus egípcio.Sharon Stone é a mulher do executivo da empresa, que recomenda a ele parar de arrumar amantes nascidas no mesmo ano em que foi inventado o telefone celular.

Comentário:
Talvez numa mensagem cifrada para os espectadores, o nome de Berry no filme é Patience, ou seja, paciência – exatamente o que eles precisaram para se submeter ao filme.A maldição do Oscar ataca novamente. Em 2001, Oscar por A Última Ceia (Monster's Ball); em 2004, o Framboesa de Ouro por Mulher Gato.
Berry levou o prêmio numa boa. Com surpreendente espírito esportivo, foi buscar seu Framboesa (levando nas mãos o seu Oscar) e declarou:"Antes de mais nada, eu queria agradecer a Warner Brothers. Obrigado por me colocar nesta porra deste filme de merda. Era exatamente o que minha carreira precisava"

Frase Marcante:
O dia em que eu morri foi o dia em que comecei a viver
Halle Berry, em comentário em off. Ed Wood não teria dito melhor.

Ombros. Pernas. Quadris. Bom demais. Agora, com relação ao seu famoso pênis,bom, o pênis é uma espécie de cavalo-marinho bizarro. Ou um dedo muito comprido. Quer dizer, é prático, até importante. Mas o ápice do design sexual? O topo da lista das destinações eróticas? Eu não acho. O primeiro impulso de qualquer pessoa é beijar o quê? Os lábios. Firmes. Deliciosos. Doces lábios. Cercando uma suave boca. Isso é o que todo mundo quer beijar. Não um dedo. Não um cavalo marinho.Uma boca. E por que você acha que isso acontece, estúpido? Quem é a irmã gêmea da boca? Sua réplica perfeita? A boca é irmã gêmea da vagina. E todas as criaturas – grandes ou pequenas – perseguem o orifício. A abertura. Para serem acolhidas... a toda-poderosa... Por isso, se você está preocupado com design, significados ocultos, simbolismo e poder... esqueça o Monte Everest, o fundo do mar, a lua, as estrelas.

Não existe nenhum lugar que tenha sido o objeto de mais batalhas, de mais ambições, do que o doce e sagrado mistério que reside no meio das pernas de uma mulher e que tenho o orgulho de chamar de minha buceta."

Jennifer Lopez, como a lésbica, faz uma veemente defesa da superioridade de sua genitália.

MULHER GATO

Título original: Catwoman - 2004
Direção: Pitof
Elenco: Halle Berry, Benjamin Bratt,Sharon Stone

Tema:
A Mulher Gato retorna, desta vez sem o Batman para ajudar a segurar a onda, na pele de uma funcionária de uma empresa de cosméticos que desenvolve um produto que rejuvenesce a pele,

CONTATO DE RISCO

Título original: Gigli - 2003
Direção: Martin Brest
Elenco: Ben Affleck,Jennifer Lopez, Lenny Venito, Justin Bartha,Christopher Walken, Al Pacino.

Tema:
Gigli (Ben Affleck) faz o criminoso barato que sequestra o irmão deficiente mental de um advogado que está atuando contra seu chefe. Em seu auxílio, surge Ricki (Jennifer Lopez), uma bandida lésbica por quem ele se apaixona.

Comentário:
Durante algum tempo, o triângulo formado por Ben Affleck,Jennifer Lopez e seu derrière mesmerizou os EUA. Para nós, que temos o privilégio de dividir o solo pátrio com Gretchen, Rita Cadilac e Carla Perez, os dotes calipígios da atriz sempre pareceram meio overrated, o que reduz ainda mais o interesse pelo filme (para não falar de Matilde Mastrangi,a melhor de todas elas, a última mulher de verdade captada pelas câmeras antes da triste era da imposição de modelos anoréxicas que parecem menininhos de quinze anos...).
O. Scott, crítico do New York Times, comentou: "bobinho é o adjetivo mais suave para descrever este desesperadamente mal concebido exercício de auto-devoção de celebridades... "Gigli," dirigido pelo historicamente competente Martin Brest ("Beverly Hills Cop," "Midnight Run," "Scent of a Woman"), pode ser uma colcha de retalhos de idéias que já foram usadas melhor em outros filmes – uma gota de "Rain Man," um traço de " A honra do poderoso Prizzi ," um pingo de Procura-se Amy ' – mas tem uma ruindade especial que é só sua."

Frase Marcante:
"Vamos considerar a mulher por um momento. Sua forma. Pescoço.

CLEÓPATRA

Título original: Cleopatra - 1963
Direção: Joseph L. Mankiewicz
Elenco: Elizabeth Taylor, Richard Burton e Rex Harrison.

Tema:
Você está cansado de saber – A egípcia fascinante que seduziu Marco Antônio e Júlio César, se suicidou com a ajuda de uma cobra e virou modelo para Michael Jackson.De qualquer forma, vale lembrar que a verdadeira Cleópatra não era egípcia (era grega), sua aparência era comum, e a cobra foi uma invenção do filósofo grego Plutarco: Ninguém sabe ao certo como ela se suicidou.

Comentário:
Esta foi a produção que jogou a 20th Century- Fox nas cordas, quase provocando sua falência. Tudo deu errado neste filme – Liz Taylor pegou pneumonia, o que atrasou o cronograma. Livre da pneumonia, pegou Richard Burton, o que provocou um escândalo internacional, já que ambos eram casados com outros na época. Com a grana gasta em cenários, roupas, adereços e locações internacionais (Londres e Roma) seria possível comprar o Egito de verdade ao invés de reconstruí-lo em estúdio.

Diálogos intermináveis substituem a falta completa de ação, e literalmente leva horas para acontecer alguma coisa que preste – o que torna o suicídio da protagonista totalmente compreensível – afinal, todos os espectadores pensam em fazer a mesma coisa depois da terceira hora.

Frase Marcante:
"Você fala demais"
Harrison para Liz Taylor, redundantemente.

LAMBADA, A DANÇA PROIBIDA

Título original: Lambada – The forbidden dance - 1990
Direção: Greydon Clark
Elenco: Tom Alexander, Laura Herring e Pilar Del Rey

Tema:
Princesa amazônica decide enfrentar uma corporação que quer destruir a floresta - a Petranco Corp. Para chamar a atenção para sua causa, vai para Los Angeles e entra em um concurso de dança (?).

Comentário:
Á nível de música e dança, enquanto movimento autóctone, a lambada apresenta, sobre o funk, a vantagem de usar elementos de raiz, o que permite seu aproveitamento internacional, inserindo no contexto da globalização seu quinhão de latinidade e exotismo. Prova disso é ter inspirado não apenas a frase anterior como também esta outra obra prima que mistura a riqueza e inventividade de nosso ritmo com uma pertinente e forte mensagem ecológica.
Herring, miss USA 1985, é a brasileira que não consegue parar de dançar a lambada nem quando sozinha em seu quarto – o que exigiu algum nível de improvisação coreográfica. O filme traz pequenas imprecisões históricas, tais como o fato da protagonista pertencer a uma família real amazônica ou a informação de que a lambada tinha sido proibida no Brasil - alegadamente por ser "muito quente".
Nada, entretanto, que prejudique o caráter cultural e lúdico desta obra que, no mínimo, presta um importante serviço para o fortalecimento e valorização de nossa imagem internacional.

Frase Marcante:
"Você quer ver a lambada ? Eu te mostro a lambada"
Laura Herring, desafiadora.

...que podem arruinar a sua vida

DUNA

Título original: Dune - 1984
Direção: David Lynch
Elenco: Kyle MacLachlan, Max Von Sydow e Sting

Tema:
Três planetas em guerra por um elemento vital que só cresce em um quarto – o planeta Duna. O príncipe de um deles (McLachlan) percebe que na verdade é o Messias esperado pelo povo de Duna e os conduz para a liberdade.

Comentário:
Imagine alguém decidir filmar a infilmável ficção de Frank Herbert. Daí resolver colocar 50 milhões de dólares na brincadeira. E entregar tudo na mão do diretor mais esquisitão da história, David Lynch, responsável por Blue Velvet e Twin Peeks. O produtor Dino DeLaurentiis correu o risco e fez tudo isso. Muitos homens contrariaram todas as possibilidades e, ao fazer o impossível, ampliaram os limites do possível para o resto da humanidade. Dino, como o filme deixa claro, não foi um deles. Duna é um filme confuso e escuro (a maior parte dele se passa em cavernas e canais), com tanta coisa acontecendo que não há tempo suficiente para que as personagens sejam identificadas ou entendidas. Nem os nerds fanáticos pelo livro (e que poderiam fazer dele um cult, com congressos, clubes e fanzines – do tipo Jornada nas Estrelas) – em tese os únicos capazes de entender o que se passa na tela – se entusiasmaram com este troço.

Frase Marcante:
"Vida Longa aos Guerreiros"
Grito de batalha dos cidadãos escravizados de Duna, geralmente acompanhado de "ai meu saco" por espectadores.

Comentário:

Nenhuma dupla de comediantes poderia ter salvado este filme do desastre – nem o Gordo e o Magro, nem Abott e Costello, nem Oscarito e Grande Otello, nem Bill Murray e Steve Martin, nem Lula e Dilma.

Que chance poderiam ter Hoffman e Beatty – dois atores difíceis, fora da sua praia habitual, jogados no deserto, com um roteiro de segunda e uma total falta de espontaneidade – o beijo da morte para qualquer filme que se pretende engraçado?

Embora tanto Hoffman em Tootsie quanto Beatty em Shampoo tenham ocasionalmente flertado com o gênero, falta neles a comicidade natural que poderia ter rendido algum caldo do acúmulo de cenas desconexas do filme.

O cinéfilo mais atento pode até notar a cara de enfado dos dois, profissionalmente afundando com o barco (ao contrário de Willis no filme anterior, que parece estar se divertindo o tempo todo)

A melhor personagem do filme acaba sendo um camelo cego. E depois de assistir o filme, é impossível não sentir um pouco de inveja dele. Como o crítico Roger Ebert sintetizou em sua análise " Talvez seja possível encontrar humor em camelos cegos e em tiroteios em helicópteros. Este filme, entretanto, deixa a questão em aberto."

Frase Marcante:

"Eu tenho a sensação de que algo deu errado e agora eu tenho um camelo cego"

Warren Beatty, talvez se dando conta da situação

Comentário:
Mesma história : Willis vinha do megasucesso Duro de Matar e podia fazer o que quisesse. Resolveu passear na Europa e rodar um filme ao mesmo tempo. Daí colocou suas fichas nesta comédia de ação (que não funciona nem como comédia nem como ação) onde é seduzido por uma freira que faz massagens sensuais, usa canções para sincronizar o timing de suas ações com o cúmplice Aiello (as cenas onde ambos cantam para cronometrar o tempo se eternizaram entre as mais embaraçosas já exibidas nos cinemas, fazendo a audiência pedir a Deus que lhes dê um relógio ou um tiro nos cornos) e se envolve com invenções de Leonardo da Vinci (?)

No momento em que Willis e a freira sexy escapam do inimigo na asa delta projetada pela famosa bicha renascentista, você se dá conta que não há mais tempo para o filme reagir e se odeia por ter permitido que duas valiosas horas da sua vida tenham sido negligentemente jogadas na lixeira.

Frase Marcante:
"Ok, Sr. TV Cultura"
Willis para Aiello, quando ele começa a falar sobre arte (PBS no original)

ISHTAR

Título original: Ishtar - 1987
Direção: Elaine May
Elenco: Dustin Hoffman, Warren Beatty e Isabelle Adjani

Tema:
Dois compositores/performers de segunda (Hoffman e Beatty) não conseguem ser contratados para nenhum lugar decente. A única alternativa é uma turnê por Ishtar, perto do Marrocos, onde eles se envolvem com uma guerra santa que ameaça o abastecimento de óleo de todo o mundo.

Comentário:

Howard é uma personagem da Marvel que nunca funcionou muito bem nos quadrinhos e que teve a possibilidade de provar que podia ser muito pior em outra mídia. Com a benção de George Lucas, colocaram um anão dentro de uma patética fantasia de pato para uma das mais catastróficas empreitadas já capturadas por uma câmera.

O pato é meio que adotado por Lea, com a qual flerta o tempo todo (dando ao filme o mérito de ter criado o primeiro pato zoófilo da história da sétima arte) e acaba combatendo uma entidade maléfica que se apossa do corpo de um cientista envolvido com o seu teletransporte – algo como o Senhor da Escuridão – para um desfecho barulhento e tedioso.

Quando o espectador está desarmado e pensa que a tortura acabou, o filme ainda reserva uma bofetada final : Howard e Lea cantando a canção tema do herói, com direito a uma "dança do pato", resposta ao moonwalk que era sucesso na época.

Frase Marcante: "Você acha que eu poderia encontrar a felicidade no Reino Animal, patinho ?"

Lea se insinuando sexualmente para a personagem título

HUDSON HAWK – O FALCÃO ESTÁ A SOLTA

Título original: Hudson Hawk - 1991
Direção: Michael Lehmann
Elenco: Bruce Willis, Danny Aiello e Andie MacDowell

Tema:

O ladrão Willis sai da cadeia e quer se regenerar. Mas é chantageado por bandidos que o obrigam a participar de um último golpe.

sempre no c... da madrugada.

O pianista Liberace era um daqueles atores que exsudavam testosterona em cada cena, na melhor tradição de Rock Hudson e Miguel Falabella. A idéia de usá-lo como um cínico sedutor de mulheres é daquelas que nem a mais delirante paródia da Casseta e Planeta pensaria em concretizar. Sua surdez vai e volta (como inspiração ele ouve Beethoven, que enfrentou o mesmo problema, emprestando um verniz cultural para a obra) , e sua única chance de recuperação é uma operação que tanto pode curá-lo como deixá-lo permanentemente surdo.

Neste meio tempo, ele abandona sua ambição de ser levado a sério como concertista (o que talvez tivesse um pouco a ver com o fato dele ser o único da história da música clássica a aceitar pedidos da platéia, como se estivesse em um piano bar) e começa a se tornar uma pessoa melhor, ajudando pessoas que ele escolhe ao acaso, como um menininho que precisa de uma operação.

Por razões desconhecidas, foi o último filme de Liberace como ator.

Frase Marcante:
"Como você pratica suas escalas? Tentando alcançar um martini ?"
Liberace para Dorothy Malone, ao surpreendê-la tocando seu piano.

HOWARD O PATO

Título original: Howard the duck - 1986
Direção: Willard Huyck
Elenco: Lea Thompson e Tim Robbins

Tema:
Um pato sai de seu planeta e cai na Terra, onde inicia uma estranha relação com uma roqueira punk (Lea).

Do início do filme, quando ela pega carona com um cowboy metido a galã, até as casas de lap dance e a linha de coro do espetáculo, o filme acumula desastres involuntariamente hilariantes.

Depois do desastre, a dupla Verhoeven/Esztehas rompeu e o segundo escreveu indiscrições sobre todos os envolvidos no filme (de Verhoeven contou que sua experiência sexual mais excitante envolveu uma mulher com descontrole intestinal; sobre Berkley, que ela usou – como a personagem – favores sexuais para conseguir o papel)

Quando o filme foi proibido para menores, o diretor sugeriu aos estudantes que falsificassem suas carteirinhas para não serem privados de sua obra transgressora. Os estudantes americanos, apesar da tão propalada queda do padrão de ensino, sabiamente ignoraram o apelo e buscaram atividades mais saudáveis, tais como trocar tiros nas salas de aula.

Frase Marcante:
"Eu não sou puta"
Elizabeth Berkley para Gershon

SINCERAMENTE TEU

Título original: Sincerely yours - 1955
Direção: Henry Blake
Elenco: Liberace, Joanne Dru e Dorothy Malone

Tema:
Concertista de piano começa a perder a audição. No processo, aprende a ler lábios e começa a ajudar desconhecidos cujo drama ele decifra de binóculo de sua cobertura em Park Avenue.

Comentário:
Este é uma raridade, mas é obrigatório para quem gosta de filmes ruins. Na TV por assinatura já passou uma ou duas vezes,

"Este é o melhor filme que já fizemos". A história não registra o que ele tinha cheirado naquele dia.

Frase Marcante:
"Você sabe que eu sou louca por um pau mole"
Melanie Griffith tentando seduzir Hanks.

SHOWGIRLS

Título original: Showgirls – 1995
Direção: Paul Verhoeven
Elenco: Elizabeth Berkley e Gina Gershon

Tema:
A trajetória de uma dançarina suburbana e sua escalada para o topo do estrelato nos shows da noite de Las Vegas.

Comentário:
Depois do sucesso de Instinto Selvagem, a dupla Verhoeven e o roteirista Joe Eszterhas ganhou cacife para fazer qualquer coisa. E decidiram arruiná-lo com o que o diretor definiu como sendo "um drama musical não-intelectualizado" (??).
Sacaram Berkley de uma sitcom escolar de última (Saved by the bell, que o SBT exibiu no século passado) e a colocaram na maior roubada da década, com a esperança de fabricar uma nova Sharon Stone.
Performances risíveis (Berkley socando o teto de carros quando está contrariada), um roteiro estapafúrdio (as mudanças de atitude de Berkley, que vai da ira ao amor em segundos; a atração lésbica de Gershon por Berkley, que resiste mesmo a uma puxada de tapete) e coreografias que remetem fielmente ao clima dos shows dos cassinos de Las Vegas (garantia de breguice), tudo isso com um delicioso tempero de pornografia, fazem deste um espetáculo memorável.

25 Filmes...

A FOGUEIRA DAS VAIDADES

Título original: The bonfire of the vanities
– 1990
Direção: Brian de Palma
Elenco: Tom Hanks, Bruce Willis, Melanie Griffith

Tema:
Investidor milionário nova-iorquino (Hanks) vai apanhar a amante no aeroporto. Pega um desvio errado e participa do atropelamento de dois possíveis assaltantes. A partir daí, tem sua vida destruída pela imprensa e por promotores exibicionistas.

Comentário:
Qualquer idiota pode fazer um filme ruim.
Mas é preciso um gênio para pegar a obra-prima de Tom Wolfe – um dos livros mais interessantes dos anos 80 – e um dos melhores atores de sua geração – o multipremiado Tom Hanks - e fracassar retumbantemente.
Deu tudo errado neste filme : as escolhas de elenco são as piores possíveis (Hanks como um wasp (!?) arrogante; Melanie Griffith, a amante, somando à canastrice habitual um sotaque que vai e volta; Bruce Willis vivendo o jornalista bêbado que usa a tragédia de Hanks como trampolim), o roteiro ignora toda a ironia e crítica social do romance que o inspirou e a direção é histérica, para dizer o mínimo.
O começo do filme, uma longa seqüência sem cortes, é genial, digno dos melhores momentos de Vestida para Matar e Dublê de Corpo.
Depois de queimar todo o seu combustível nesta decolagem inicial, De Palma liga o piloto automático e o filme despenca rapidamente para áreas densamente povoadas, fazendo o máximo de vítimas.
Depois de assistir ao primeiro copião, o então chefão da Warner (o mesmo estúdio que produziu Casablanca !) Mark Canton declarou :

sessão nostalgia, com rolos de filmes faltando e defeitos de projeção simulados.Como escreveu Roger Ebert: "A razão fundamental pela qual jovens garotos iam à sessões duplas na sua fase dourada era a esperança de ver seios, ou, na falta deles, coisas sendo muito bem explodidas. Agora que o cinema mainstream está mostrando uma porção de peitos e explosões enormes, não há mais mercado para os filmes ruins fazerem a mesma coisa... Então...Grindhouse é uma tentativa de recriar um espetáculo duplo que nunca existiu para uma platéia que já não existe mais". Da minha parte, acho uma pena.Podia inaugurar uma tendência: Filmes classe A se esforçando conscientemente para serem classe B – ao invés de filmes classe A que se tornam B involuntariamente.

Mas, por fim, como escreveu o diretor e ator Kevin Smith na revista GQ: "Ninguém realmente se prepara para fazer um filme ruim. Um diretor nunca sonha que algo em que ele trabalhou por anos e alimentou como a um bebê vai ser transformado pelas massas em um abacaxi.

Os críticos acreditam que a parte do leão dos filmes ruins é composta por uma linha de montagem com pouco ou nenhum projeto por trás a não ser arrancar o preço do ingresso do público. Mas se eles tirassem seus binóculos de cinismo, os críticos veriam que todo filme é o bebê de algum diretor. Tristemente, alguns bebês provavelmente mereceriam ser abortados."

Aqui vão alguns desse bebês...

tempo e com baixo orçamento. Alguns dos mais criativos filmes noir eram classe B, aliás.

Ou seja, investimento não é sinônimo de qualidade.

Em seu livro "The Worst Movies Of All Time", de Michael Sauter, ele fala sobre Cleópatra, dirigido por Joseph Mankiewicz e estrelado por Elizabeth Taylor e Richard Burton:

"Este é o definitivo 'filme que saiu de controle'. A quintessência da bomba de grande orçamento. O filme que provou que se você jogar dinheiro bom em coisas ruins, você pode levar um estúdio à falência. Ou chegar bem perto,de qualquer forma. A Twentieth Century-Fox chegou perto demais... mas (Cleópatra) é ruim? Pode apostar que é. Como muitos épicos do antigo Egito, Cleópatra é chato. E chato é igual a ruim, especialmente com mais de quatro horas. De fato, com suas mais de quatro horas, este é provavelmente o filme mais chato já realizado".

Os filmes classe B são inspiração para diretores como Quentin Tarantino e Robert Rodriguez. O trabalho dos dois, Grindhouse, pretendia ser uma homenagem às sessões duplas de cinema, com dois filmes colados: "Planet Terror", dirigido por Rodriguez, com o velho tema de zumbis e militares; e "Death Proof", dirigido por Tarantino, com um dublê assassino de mulheres, tudo entremeado de trailers falsos assinados por outros diretores, como Rob Zombie e Eli Roth. O conceito era ótimo, os filmes divertidos, mas não decolou nas bilheterias.

Era uma brincadeira inteligente, mas como qualquer brincadeira, ela exige cumplicidade – e talvez o público não estivesse pronto para essa

Solta um Filme Baratinho Aí ou Filmes B X Filmes A

Como explica A. C. Gomes de Mattos em seu livro "A Outra Face de Hollywood: Filme B": "Hollywood sempre fez filmes de orçamento baixo, mas a designação "B" se originou nos anos 30 com o incremento do programa duplo (nos cinemas).

Este consistia em um filme principal classe A e um filme mais barato classe B... Os filmes A eram realizados com orçamentos de aproximadamente 400 mil dólares... e astros que atraíam um vasto público... Os filmes B custavam entre 50 e 200 mil dólares e empregavam artistas com poder de atração moderado, questionável ou desconhecido"

Embora tenham sofrido resistências dos críticos, por sua excessiva esquematização, nem todo filme barato é ruim – e nem todo filme classe A é necessariamente bom.

Os dois piores filmes que já vi são, por coincidência, filmes low budget. "Manos – The Hands of Fate" e "Glen ou Glenda" são filmes baratos demais até para caberem na designação de B movie, mas outros filmes classe A conseguem ser quase tão ruins quanto. A Fogueira das Vaidades, de Brian de Palma, ou Hudson Hawk – O Falcão está a Solta, com Bruce Willis, mostram que nem atores consagrados nem locações caras salvam um filme com alma de B.

Little Shop of Horrors – A Loja dos Horrores, de Roger Corman, que virou um clássico, é o oposto: um filme muito bom realizado em pouco

mento de atores na tela é único – para aqueles que estão dispostos a prestar atenção. E ao brincar com – ou melhor, destruir – o próprio conceito de narrativa linear, seus maiores trabalhos possuem uma qualidade de modernidade que escondem sua idade. Um filme de Wood é reconhecido imediatamente, como são os de Welles, Fuller, Mizoguchi ou qualquer outro grande autor."

Mas este reconhecimento tardou demais para chegar.

Em 10 de Dezembro de 1978, aos 54 anos, Ed Wood morreu de um ataque cardíaco,consumido pelo álcool, esquecido e falido.

Em 1994, o grande Tim Burton filmava sua biografia, estrelada por Johnny Depp (no papel título) e Martin Landau como Bela Lugosi.

Talvez Wood apreciasse a ironia quase cinematográfica desta virada.

que aconteceu... naquele dia fatal. Nós estaremos dando para você todas as evidências, baseadas somente no testemunho secreto das almas miseráveis que sobreviveram a esta horrível provação. Os incidentes, os lugares, meu amigo, nós não podemos mais mantê-los em segredo. Vamos punir os culpados, vamos recompensar os inocentes.

Meu amigo: Pode seu coração suportar os fatos chocantes sobre... Os ladrões de túmulos do espaço sideral??"

Claro, o filme não fala sobre "Ladrões de Túmulos" – os mortos são ressuscitados e ninguém rouba seus túmulos – nem mesmo os recém-ressuscitados, que teriam algum direito moral sobre o espólio. Mas este é um detalhe – e, sabemos, Ed Wood sempre negligenciava os detalhes em favor da visão maior.

Como escreveu Gary Morris no site Bright Lights Film Journal: "O famoso dito de Picasso que "O principal inimigo da criatividade é o bom gosto" podia ser o mantra de Wood.

De fato, ele não tinha nem gosto nem talento como são geralmente compreendidos. Seus filmes são cheios de erros técnicos, incongruências, efeitos especiais óbvios, péssima atuação e um ar de ingenuidade que desperta tanto simpatia quanto risos na platéia. Através de um processo misterioso, certamente desconhecido até pelo próprio Wood, esses elementos se aglutinam em seus melhores filmes (Glen or Glenda, Plan 9 from Outer Space) para criar clássicos da arte outsider.

Os filmes têm todos os tipos de temas recorrentes... e seu posiciona-

soltas filmadas. Para substituí-lo (e poder usar seu nome nos créditos), Wood escalou seu quiroprata, que inventivamente supera o fato de não ter a menor semelhança com o falecido ator cobrindo o rosto com uma capa o tempo inteiro.

É difícil selecionar o pior do filme : Os discos voadores foram comprados em lojas de brinquedos (por muito tempo se pensou que fossem calotas de carros...) e aparecem pendurados por cordas de piano na frente de cenários de papelão, os diálogos – do próprio Wood – são incompreensíveis, a montagem não se importa de alternar continuamente dia e noite na mesma cena, os momentos em que o exército combate os invasores são trechos de documentários enxertados aleatoriamente, a cabine do piloto do avião que avista os ETs tem uma cortininha de banheiro no fundo...

Plano 9 é um daqueles raros filmes que conseguem piorar a cada exibição, em cada revisita surge um detalhe novo para enriquecer o seu folclore.

O estilo inconfundível de Wood aparece em frases como esta,cheias de adjetivos, dita por Criswell, o vidente, na abertura do filme:

"Saudações, meus amigos... Todos nós estamos interessados no futuro, porque é lá que eu e você vamos passar o resto de nossas vidas – e lembre-se, meu amigo: eventos futuros como esses afetarão sua vida no futuro. Você está interessado no desconhecido, no misterioso, no inexplicável - é por isso que você está aqui. E agora, pela primeira vez, nós estamos trazendo para você a história completa do

Transvestite", escritos em 1965, em que um assassino travesti concorda em confessar seus crimes desde que seja executado usando roupas femininas – Eros, Tanatos e viadagem dialogando de forma intensa – e incompreensível..

Sobre os livros, o crítico Greg Villepique escreveu na revista eletrônica Salon: "Em "Killer in Drag," Glen Marker é o maior travesti assassino contratado em Nova York... Por que a Máfia tem uma lista de exterminadores travestis? Alguém liga? Wood não. Ele escreve como Jim Thompson se Jim Thompson fosse um macaco lobotomizado tomando drogas... Wood nos informa pedantemente que "quando Glen fala de Glenda (nota do autor: seu alter ego, sem nenhuma relação com o filme) ele fala dela na segunda pessoa"; ele quer dizer na terceira pessoa, mas quem está contando?..."

Mas a obra prima de Wood foi realizada em 1959: o Plano 9 do Espaço Sideral, estrelando Bela Lugosi (um ano depois de sua morte, usando filmagens avulsas e um dublê), Vampira e Tor Johnson

Nele, extraterrestres tentam o nono plano para domínio da terra, depois do fracasso dos anteriores. Por razões que o filme não esclarece, decidem ressuscitar os recém-mortos.

A produção apresentou pequenos problemas desde o início.

Além da verba insuficiente (patrocinada por uma Igreja, aparentemente com o objetivo de gerar recursos para futuros filmes sobre a vida dos apóstolos), o único astro do filme – Bela Lugosi – morreu logo no início da produção, deixando apenas algumas poucas cenas

Wood aproveita a oportunidade para vestir peças femininas de angorá branco, seu fetiche na vida real.

Sobre o filme, Wood escreveu:

"Eu escrevi e dirigi diversos filmes, incluindo Glen ou Glenda no começo dos anos 50, quando a mudança de sexo era uma sensação... O produtor com coragem para levar um tipo tão depravado às telas era um homem pequeno, adorável e raçudo chamado George Weiss. Ele produzia filmes em um pequeno estúdio perto de Hollywood. Ele não tinha muito dinheiro (ele gritou comigo por gastar 26 mil dólares em Glen ou Glenda), mas não admitia que ninguém dissesse o que ele podia ou não filmar..." depois, em outro texto, ele acrescentou: "(o travesti) deve usar roupas femininas durante o ato (sexual) – e por mais frustrante que seja – ele deve buscar uma parceira que se entregue completamente a seus prazeres depravados...

Esta frustração fez com que muitos travestis se vistam e se maquiem com perfeição, então se suicidem depois de deixar uma nota de instruções para o funeral. Ele deve ser enterrado com as roupas femininas que usava por ocasião de sua morte. Um filme famoso apresentando esse tipo de caso foi produzido e distribuído há alguns anos... Seu título era Glen ou Glenda, que foi mostrado em praticamente todos os países do mundo..."

É curioso que Wood falasse do filme como se não tivesse nenhuma participação nele. Mais curioso ainda é ter revisitado o tema em uma série de dois livros chamados de "Killer in Drag" e "Death of a

Logo depois da Guerra, ele encontrou trabalho em um Carnival (nota do autor: espécie de circo ambulante de aberrações), e suas experiências neste ambiente bizarro e hermético não podem ser subestimadas. Foi deste material nu e cru que ele moldou parte de sua arte não-ortodoxa.

A arte de Wood é uma mutação cultural. Ele desafia comparações – não existe ninguém nem remotamente como ele...

Eu lembro do comentário de um produtor de Hollywood, que permanecia incrédulo diante da notoriedade póstuma de Ed Wood. Nos últimos anos de sua vida, Wood vinha ao escritório deste produtor para usar sua máquina de escrever. Seus comentários ficam ecoando em meus ouvidos: 'A coisa mais engraçada é que aqui estava esse alcoólatra, esse velho vagabundo do qual eu realmente gostava, e o tempo todo eu nunca soube que ele era algo especial'

Glen ou Glenda, de 1953, é o filme mais pessoal de Wood – e, não por coincidência, uma das coisas mais estranhas já filmadas.

O próprio Wood interpreta o crossdresser, creditado com o pseudônimo de Daniel Davis. Bela Lugosi, decadente e viciado em drogas, faz o espírito que controla a vida dos humanos – ou alguma coisa parecida.

O demônio (sim, ele mesmo, o coisa-ruim, o cão chupando manga...) também aparece no filme, interpretado por Captain De Zita, um agente de strippers que morava ao lado do escritório do produtor do filme. Assim como o espírito, sua presença também é misteriosa e absolutamente deslocada da trama.

Ed Wood ou A Morte de um Travesti

A produção de Alan Smithee não se compara, entretanto, aquele que já foi considerado o pior diretor de cinema de todos os tempos: Ed Wood.

Edward Davis Wood, Jr. nasceu em 10 de Outubro de 1924.

Era roteirista, diretor, ator, montador e o que mais precisasse para fazer seus filmes caberem dentro de verbas ridiculamente baixas.

Wood conseguia ser ainda mais estranho do que seus filmes – o que, acredite, não era muito fácil...

Ele era um travesti heterossexual, com inúmeras conquistas femininas no currículo.

Como explica Rudolph Grey em sua biografia de Wood, "Nightmare Of Ecstasy": "Ed Wood era um americano original e peculiar, com uma enorme paixão por veículos populares: bang bang classe B e filmes de horror, revistas de detetives, quadrinhos e dramas de rádio, todos dos anos 30 e 40".

Wood, o garoto americano por excelência, idolatrava Buck Jones, tornou-se escoteiro e alistou-se nas forças armadas aos 17 anos, seis meses depois do ataque à Pearl Harbor. Ele tornou-se um herói de guerra e sobreviveu à conflitos brutais com os japoneses no Pacífico Sul. Por todo o tempo, ele era um travesti, um outsider em relação ao mainstream da vida.

e aumentar seu papel, e a nova safra de redatores. Dizem que os primeiros redatores de Hollywood cresceram lendo livros; os novos vendo TV (e você queria saber porque tantos remakes de séries de TV – desde "A Feiticeira" até "O Agente 86", passando por todos os heróis dos quadrinhos...) ou jogando vídeo games (Resident Evil, Lara Croft...).

E temos também os efeitos especiais – quem precisa de roteiros quando os computadores podem fazer tudo aparecer na tela com um nível de realismo que em breve dispensará atores...

Com o sucesso de filmes tão pueris, o próprio Alan Smithee corre o risco de se aposentar – aparentemente a vergonha dos diretores desapareceu junto com os critérios de escolha do público.

dizer: "Quando eu me recusei a assinar esse filme, e Bob Totten fez o mesmo, o Directors' Guild criou esse pseudônimo para nós, 'Alan Smithee'. Como o filme foi bem recebido, eu aconselhei meus amigos mais novos que queriam dirigir a mudar seus nomes para Smithee e levar o crédito pelo filme"

Desde então, ele não parou mais de trabalhar.

São creditados a ele Sub Down, (direção de Gregg Champion e estrelando Stephen Baldwin),Le Zombi de Cap-Rouge, Hellraiser: Bloodline (direção de Kevin Yagher),Smoke'n' Lightnin, (direção de Michael Kirton),Raging Angels,National Lampoon's Senior Trip (direção de Kelly Makin),Bloodsucking Pharaohs in Pittsburgh, (direção de Dean Tschetter),The Shrimp on the Barbie (direção de Michael Gottlieb), Solar Crisis (direção de Richard C. Sarafian, estrelando Charlton Heston), I Love N.Y. (direção de Gianni Bozzacchi e estrelando Scott Baio),Putz (direção de Robert Rothbard), etc.

A versão estendida para a TV do filme Duna, de David Lynch, foi assinada por Smithee (por sinal, o roteiro foi assinado por "Judas Booth", nome inventado por Lynch, que afirmava que era uma combinação de traidor –Judas- com assassino -Booth, lembrando de John Wilkes Booth, o ator que matou Lincoln no Teatro Ford em 1865).

Mas talvez sua época tenha passado.

O declínio do cinema em geral é creditado por estudiosos a dois fatores: o progressivo poder alcançado pelas estrelas, que não raro contratam roteiristas particulares para retrabalhar suas falas

(Pronto, já citei Adorno, agora pára de cobrar inteligência...)

Uma boa pista para identificar um filme ruim é procurar pelo diretor Alan Smithee, pseudônimo que alguns diretores costumam usar para assinar filmes que saíram de seu controle.

Segundo o site IMDb, o contrato padrão do sindicato norte-americano da categoria, o "Directors Guild Contract", não permite que um diretor tire seu nome de uma produção, um reforço para os esforços que eles vêm fazendo para estabelecer o diretor como autor do filme – e assumir a culpa pelos fracassos levados às telas seria a contrapartida de responsabilidade trazida pelo esforço.

A exceção recairia saber os filmes tirados do controle do diretor e remontados contra sua vontade.

Nesses casos, o diretor pode apelar para o Guild e ter seu nome substituído pelo de Alan Smithee – que é o único pseudônimo aceito para um diretor (que, segundo uma lenda depois desmentida, seria um anagrama para "The Alias Men").

Alan Smithee nasceu em 1967 com o filme "Death of a Gunfighter" (No Brasil, "Só Matando" ou "Morte de um Pistoleiro" – acho que os diretores gostariam mais do primeiro título). O astro Richard Widmark não estava feliz com o trabalho do diretor Robert Totten e pressionou para que ele fosse substituído por Don Siegel. No final, nem Totten nem Siegel quiseram assinar o resultado e decidiram que o filme seria assinado por "Al Smith".

Como já existia um diretor com esse nome, nasceu Alan Smithee, por sinal elogiado pelo The New York Times, o que levou Don Sigel a

Direção de Alan Smithee ou Os Filmes Órfãos

Existem filmes ruins.

E existem filmes dramaticamente ruins, que fazem você reavaliar todos os seus parâmetros estéticos. As razões pelas quais as pessoas assistem a estes filmes são variadas. Alguns os vêem como uma espécie de provação, uma coisa tipo trilha de Santiago de Compostella ou guardar jejum em dias santos, ao final da qual se sentirão mais tolerantes com a espécie humana, redimidos de seus pecados e capazes de enxergar a beleza nas pequenas dádivas da vida, coisas como o sorriso de uma criança, o canto dos pássaros, uma manhã de sol ou as metáforas futebolísticas de Luiz Inácio, Nosso Guia. Outros, como um exercício para relativizar seus pequenos fracassos pessoais – o que é perder o emprego ou a namorada diante do desafio de assumir perante o mundo todo a responsabilidade por Lambada – a Dança Proibida ? Existem os masoquistas, é claro, e ainda os filhos da puta que vibram com o fracasso alheio, que adoram parar para ver desastres de carro, gente escorregando em cascas de banana e os novos lançamentos do Kevin Costner.

Schadenfreude é a palavra que os alemães usam para descrever este sentimento (literalmente, "obter prazer através da desgraça dos outros") e vem da combinação de Schaden (dano) e Freude (prazer).

Segundo Theodor Adorno, schadenfreude é um "desfrute amplamente antecipado do sofrimento alheio, percebido como comum ou apropriado".

Renzo Mora

25 Filmes que podem arruinar a sua vida!

my best for both our

Assinatura de Ed Wood, considerado o pior cineasta de todos os tempos

CASA
& PALAVRAS